Dagmar Müller

Das Engelbuch der Wandlung

I Ging der Engelkräfte

WILHELM HEYNE VERLAG
MÜNCHEN

HEYNE ESOTERISCHES WISSEN
Herausgegeben von Michael Görden
13/9858

Umwelthinweis:
Dieses Buch wurde auf
chlor- und säurefreiem Papier gedruckt.

Originalausgabe 3/2001

http://www.heyne.de
Printed in Germany 2001
Lektorat: Renate Schilling
Umschlaggestaltung: Atelier Seidel, Altötting
Umschlagillustration: Archiv für Kunst und Geschichte, Berlin
Satz: Schaber Satz- und Datentechnik, Wels
Druck und Bindung: Ebner Ulm

ISBN 3-453-18064-X

Inhalt

Einleitung 6
Die Hintergründe des I Ging 6
Das I Ging und die Engelkräfte 10

TEIL I:
Der praktische Umgang mit diesem Buch 13
Das I Ging als Buch der Wandlung 15
Die Vorbereitung 16
Die Durchführung der Befragung 22
Die Bedeutung der Wandlungslinien 24
Der Umgang mit den Antworten 26
Das Auffinden der Hexagramme 29

TEIL II:
Die 64 Engelkräfte 31

Bibliographie 160

Einleitung

Als ich vor etlichen Jahren mit dem chinesischen *I Ging*, dem *Buch der Wandlung*, in Berührung kam – nicht nur davon hörte und las, sondern es praktisch zu erproben begann –, zog es mich, wie vor mir viele andere Menschen, sofort in seinen Bann. Zum ersten Mal verstand ich, dass »Weissagung« nicht bedeutet, neugierig oder ängstlich zu erkunden, was die Zukunft bringen mag, sondern das Erschließen einer tiefen Weisheit, die in uns selbst wie in den Gegebenheiten unseres Lebens waltet. Die Präzision, mit der mir dieses Weisheitsbuch auf meine Fragen antwortete, mir Perspektiven und Zusammenhänge aufzeigte, die ich ohne seine Hilfe nicht gesehen hätte, war verblüffend.

Und doch hatte ich auch Schwierigkeiten mit diesen Antworten, die in Bildern von Herrschen und Untertansein und in patriarchalischen Familienvorstellungen zu mir sprachen. Ich trat in einen Dialog mit den Texten. Ich nahm die vorhandenen Bilder und Vorstellungen tief in mich auf, befragte sie nach ihrem Kern, nach ihrer Be-Deutung für unsere Zeit und Welt, machte eigene Erfahrungen mit ihnen, verband sie mit den Erfahrungen anderer Menschen und ließ einfach zu, dass sie sich tief in meinem Inneren zu neuen Vorstellungen, Bildern und schließlich Texten formten. So schrieb ich mir im Laufe der Jahre ein eigenes *Buch der Wandlung*, das ich nun mit diesem Buch weitergebe.

Die Hintergründe des I Ging

Das I Ging hat eine in uralten Zeiten wurzelnde Geschichte. Seine Vorläufer sollen gar in die mystische Vorzeit zurückreichen, in die Zeit des legendären Kaisers Fu-Hsi oder das dritte Jahrtausend vor unserer Zeitrechnung. Der ursprüngliche Titel des I Ging, *Chou-i* (»Wandlungen der Chou«), verweist auf die Chou-Dynastie (1122–255 vor unserer Zeitrechnung). Der König dieser Kultur, Wen-wang, und sein Sohn, der »Herzog von Chou«, werden als seine Autoren angegeben. Doch handelt es sich keineswegs um Neuschöpfungen dieser Zeit, sondern um Bearbeitungen weit älterer Texte.

Die Umarbeitung erfolgte in einer Weise, die für die Chou-Dynastie programmatisch war. Dabei wurde der überlieferte Mythenschatz systematisch umgedeutet. Fiedeler[1] bezeichnet diesen Vorgang als eine frühe aufklärerische Kulturreform. Kung Fu-tse (551–479 vor unserer Zeitrechnung), bei uns besser bekannt unter dem latinisierten Namen Konfuzius, begründete die entmythologisierende Umdeutung der alten Texte, die in seiner Schule über zwei Jahrtausende fortgesetzt wurde. Der ursprüngliche Sinn verschwand dabei mehr und mehr hinter einer neuen Morallehre. Richard Wilhelm, der das I Ging als erster Europäer aus seinen eigenen Voraussetzungen zu verstehen suchte und es ins Deutsche übertrug, bezieht sich in seiner noch heute populären Übersetzung auf spätkonfuzianisches Textmaterial und so scheint in seiner Übersetzung noch viel von dieser Staats- und Lebensmoral durch, an deren oberster Stelle Ehrfurcht und Gehorsam als Grundlage der Harmonie in allen gesellschaftlichen Bereichen stehen. Der »Edle Mensch« etwa, der in diesen Texten als vorbildliches Individuum auftritt, kommt in den alten Texten gar nicht vor. Dort bezeichnet das »Große Licht« nicht eine hervorragende Person, sondern, wie Fiedeler darstellt, den Vollmond: Der Vollmond bildet mit den verschiedenen Bogenhöhen seines Erscheinens in den zwölf Monaten des Jahres insgesamt sechs »Plätze«, die er auf- und absteigend »besetzt«. Diesen sechs Stufen entsprechen die sechs Linien der Orakelzeichen des I Ging, der Hexagramme.

Die Vorläufer des I Ging dürften also eine Systematisierung menschlicher Erfahrung im Wandel des Mondes gewesen sein, wozu noch der Wechsel der Jahreszeiten und weitere Himmelsbeobachtungen kamen. Sie wurden von Menschen entwickelt, die in das naturhaft-kosmische Geschehen noch selbstverständlich eingebunden waren. Ehrfurcht und Gehorsam galten höheren Mächten als denen von Staat und Familie. Manches davon scheint selbst in der heutigen Fassung noch durch, so etwa in der Auffassung, dass es für alles eine geeignete oder weniger geeignete Zeit gibt oder dass es auch manchmal nötig ist, loszulassen, (Wachstumsprozesse) abzuwarten, den Dingen ihren Lauf zu lassen, was zum Beispiel im Landbau unmittelbare Erfahrung ist.

---

[1] Frank Fiedeler: *Die Monde des I Ging. Symbolschöpfung und Evolution.* Diederichs, München 1988

Der »Weg des Himmels«, dem es zu folgen gilt, meinte also ursprünglich sehr konkret den sichtbaren Himmel und die Widerspiegelung himmlischer Abläufe im irdischen Leben. Erst die konfuzianische Umdeutung ließ ihn zu einem Weg strenger gesellschaftlicher Moral werden. Und der vorbildhafte »Edle Mensch« ist, wie John Blofeld meint, »weniger wegen seiner strengen Moral und seinem tiefen Pflichtgefühl zu bewundern, sondern vielmehr, weil er mit der sich spontan in ihm manifestierenden Intuition übereinstimmt, die sich entfalten kann, sobald alle Leidenschaften vertrieben und alle Gedanken zur Ruhe gekommen sind.«[2]

Manche der uralten Lehren und Praktiken, die auch die Vorläufer des I Ging prägten, dürften im Taoismus erhalten sein. Im *Tao Tê Ching* wird der Kosmos als »Mutter von Himmel und Erde« bezeichnet. Wer die Mutter begreift, lernt das Kind kennen, wer das Kind kennt, hält an der Mutter fest. »Mutter« bezeichnet hier, wie John Blofeld feststellt, den formlosen Aspekt des Tao und weist auf den Kosmos als ungeteilte Einheit hin, während sich »Kind« »auf die Sicht des Kosmos als einer Vielheit veränderlicher Formen« bezieht. »Das eine wahrzunehmen und zu begreifen heißt, das wahre Wesen des anderen zu verstehen, und umgekehrt. Die Mutter zu missachten bedeutet, sich an materielle Dinge zu klammern, das Gefühl für das Geheimnis und die Ehrfurcht zu verlieren und das Leben nach bloßen Erscheinungen zu beurteilen. Das Kind zu missachten bedeutet, die materielle Welt gering zu schätzen und zu meinen, dass wahre Schönheit und das wahre Gute irgendwo anders zu finden seien ...«[3]

Das auch bei uns heute geläufige Zeichen für die Einheit allen Seins ist das T'ai Chi-Symbol. Es repräsentiert das universale Prinzip. Aus dem Wechselspiel von Yin und Yang geht die Welt der Erscheinungen durch stete Wandlung hervor. Ob es sich nun um Vorgänge in der Natur, im persönlichen oder gesellschaftlichen Leben handelt, alle Lebensvorgänge sind in ständigem Wandel begriffen. Das Tao bezeichnet den Weg, den wir im Einklang mit diesem Kräftespiel gehen.

Wir können auch von einem System von Grund- oder Keimkräften sprechen. Die 64 Kräfte des äußeren Kreises werden im I Ging durch die 64 Hexagramme symbolisiert, die aus je sechs Yin- und Yang-Linien

---

[2] John Blofeld: *I Ging. Das große Weisheits- und Orakelbuch der alten Chinesen.* 2. Aufl., O. W. Barth, München 1985, S. 49 f.

[3] John Blofeld: *Selbstheilung durch die Kraft der Stille.* Scherz, Bern/München 1985, S. 29

bestehenden Zeichen. Wenn eines dieser Zeichen als Antwort auf eine Frage erscheint, zeigt es an, welche Kräfte momentan aktiv bzw. zu wenig aktiv sind, an welchem Punkt des Wandlungsprozesses wir oder unsere Angelegenheiten gerade stehen. Und auf dieser Grundlage können wir sicher Entscheidungen treffen, wie vor uns schon unzählige Generationen es getan haben.

Diese Grundkräfte durchwirken nicht nur unsere ganze Lebenswelt, sondern stehen auch hinter den »Synchronizitäten«, wie C. G. Jung dieses Phänomen benannte, Ereignissen, die in einem sinnvollen Zusammenhang gleichzeitig auftreten, obwohl es zwischen ihnen für unser gewöhnliches logisches Denken und Wahrnehmen keinen Zusammenhang gibt. Wir bezeichnen sie gewöhnlich als Fügungen oder Zufälle.

Das Wort »Zufall« hat einen schlechten Klang bekommen, seit das mechanistisch-naturwissenschaftliche Denken seinen Siegeszug angetreten hat und wir schon als Kinder daran gewöhnt werden, nur noch sichtbare, messbare Ursachen und deren ebenso greifbare Folgen als wirklich anzuerkennen, was angesichts der Erkenntnisse der neuen Physik eher als eine Art modernen Aberglaubens gelten kann, zumindest als die einseitige Bevorzugung einer bestimmten Denkform auf Kosten aller anderen.

Bevor sich dieses Denken durchsetzte, haben die Menschen über Jahrtausende in Entsprechungen gedacht: Einer Erscheinung am Himmel entspricht ein Ereignis auf Erden, dem Fall von Steinen auf einem Plan entspricht eine bestimmte Konstellation im Leben der Person, die die Steine wirft ... Es ist unmöglich, hier auch nur annähernd all das aufzuzählen, was Menschen im Laufe der Jahrtausende in diesem Sinne zu Weissagungszwecken verwendet haben. Grundlegend ist dabei immer, dass es sich um etwas handelt, das in ausreichendem Maße dem Zufall unterworfen ist und damit im höchsten Grade frei von Gesetzmäßigkeiten oder bewusster Einflussnahme: der Fall von Würfeln, Steinen oder Brotkrumen, das Ziehen von bedeutungsvollen Bildkarten oder Losen, die Sprünge in einem erhitzten Schildkrötenpanzer ... Auch der christlichen Tradition ist die Vorstellung nicht fremd, dass Gott durch den Zufall zu uns spricht. Da gibt es Menschen, die die Bibel zufällig irgendwo aufschlagen, um so eine Antwort auf ihre Frage zu gewinnen. Oder es werden »Losungen« nach dem Zufallsverfahren ermittelt.

Die klassische Befragung des I Ging geschieht mithilfe von 50 Schafgarbenstängeln, die in einem langen, zeremoniellen Zufallsprozess zunächst in zwei Haufen, dann in kleinere Einheiten geteilt und in einem komplizierten Verfahren durchgezählt werden. Das Ganze wird sechsmal vollzogen. Jeder Durchgang endet mit einer Berechnung, die einen Strich des Antworthexagramms ergibt.

Heute ist es allgemein üblich, aus dem zufälligen Fall dreier Münzen das Antworthexagramm zu erstellen. Das vereinfachte Verfahren macht es möglich, häufiger und in alltäglicheren Angelegenheiten, als das früher üblich war, eine Befragung vorzunehmen. Denn Menschen, die heute einen Weg innerer Entwicklung gehen, sind im Allgemeinen hauptsächlich daran interessiert, in den Problemen, Konflikten und Entscheidungssituationen des Alltags Hilfe, Rat und Unterstützung zu finden.

Das I Ging und die Engelkräfte

Die Vorstellung des All-Einen, des Aufgehens der personalen Gottesvorstellung in einem letzten, erlebbaren, aber nicht mehr bestimmbaren Grund, ist uns auch aus der mystischen Tradition unseres christlichen Kulturkreises bekannt, ebenso die Vorstellung einer göttlichen Ordnung, mit der es in Einklang zu kommen gilt. So war etwa Hildegard von Bingen überzeugt, dass Heilung aus der Einfügung in die göttliche Ordnung geschieht. Um noch ein Beispiel aus neuerer Zeit zu nennen: Für Adalbert Stifter bedeutete Im-Recht-Sein »im Einklang zu sein mit dem eigenen Wesensgesetz, im Einklang aber auch mit der überkommenen Sitte der Vorfahren, letztlich mit dem Allgesetz des Weltganzen.«[4] In seinen Werken stellt er dar, wie sich das Recht in diesem Sinne im Leben des Einzelnen und in der Geschichte verwirklicht.

Die göttliche Ordnung ist nicht objektivierbar als eine bestimmte gesellschaftliche, soziale oder moralische Ordnung. Auch bedeutet In-Einklang-Kommen nicht, sich in eherne Gesetze zu fügen, sondern eher mitzuschwingen in einer lebendigen und Leben schaffenden Ordnung. Wir können uns in sie fügen oder uns ihr widersetzen.

Womit wir in Einklang kommen können, ist, der östlichen Auffassung nach, das Spiel von Yin und Yang, das alle Erscheinungen hervorbringt und in das wir selbst hineingestellt sind. Das Aktiv-Schaffende, Zupackende, Beherrschende hat ebenso seine Berechtigung wie das Passiv-Erwartende, die Zurückhaltung, die Hingabe. Aber alles hat seine Zeit. Missklang entsteht, wenn etwa eine Situation ein sanftes, abwartendes Vorgehen verlangt und wir stattdessen mit kraftvoller Entschlossenheit darangehen. Auf diese Weise gedeihen unsere Angelegenheiten nicht und auch wir selbst geraten aus dem Gleichgewicht, aus der Mitte, in der wir in ruhiger Gewissheit ruhen können. Aber auch das Herausfallen aus der Gewissheit, aus der inneren Ruhe, gehört zu unserem Weg. Wir lernen, dass wir nichts ausgrenzen müssen, auch nicht unsere Fehler, Schwächen oder ängstlichen Gefühle. Wenn wir uns auf diese Denk- und Lebensweise einlassen, enthüllt sich uns die schöpferische Kraft, die in den Gegensätzen liegt, wir lösen uns von unserem fruchtlosen Entweder-oder-Denken. Wir sehen ein, dass wir, um stark zu sein, unsere Schwächen zulassen müssen, dass, wer Erfolg haben will, vor Misserfolgen nicht zurückschrecken darf, dass wir die tiefste Freude nur erfahren, wenn wir auch zu leiden bereit sind. So kann die Bewältigung ganz alltäglicher Probleme zu persönlichem Wachstum beitragen. Wir verstehen uns selbst und das Leben besser. Wir können auf allen Ebenen unseres Seins in Einklang kommen, auch bewusstseinsmäßig, indem wir uns dafür öffnen, die tieferen Zusammenhänge der Wirklichkeit wahrzu-

---

[4] Jutta Kayser: *Der Liebhaber der Dinge*. Einleitung zu: Gertrude und Thomas Sartory (Hrsg.): *Adalbert Stifter. Im Angesicht der Dinge*. Herder, Freiburg 1979, S. 25

nehmen. Und wir erfahren auf unserem Weg die Zuwendung Gottes, Führung, Leitung, liebevolle Fürsorge.

Göttliche Kräfte, die zwischen den einzelnen Menschen und dem »Höchsten« vermitteln, bezeichnen wir traditionell als Engelwesen. Das ist jedoch nicht der einzige Grund, weshalb ich die 64 Grundkräfte des I Ging mit Engelkräften identifiziere. Entscheidender noch war die ganz konkrete Erfahrung im Umgang mit dem *Buch der Wandlung*. Ich fand darin nämlich nicht nur ein System von 64 abstrakten Symbolen, in denen sich die tieferen Zusammenhänge meines Lebens ausdrücken ließen, sondern erlebte deutlich ein Geführtwerden zu immer tieferem Verstehen. Zudem geben mir die Antworten nicht nur Handlungsanweisungen: Sobald ich wirklich bereit bin, mich auf sie einzulassen, ist auch die gerade erforderliche Kraft und Einsicht da. Es sind also nicht einfach nur Botschaften, sondern Mitteilungen liebevoller und hilfreicher Kräfte, wie es die Engel sind. Wer mit ihnen, ihrem Wirken, Weben und Wandeln in Einklang lebt und handelt, erfährt Sicherheit, Schutz und Führung. Probleme, die darauf zurückgehen, dass wir den Einklang verloren haben, lösen sich auf. Wir und unsere Lebensangelegenheiten werden heil, ganz, geheilt, indem wir auf der Ebene ganz alltäglicher Erfahrung den Einklang mit dem Heiligen und Heilenden suchen.

Engel werden gewöhnlich als geflügelte Wesen dargestellt. Sie können sich frei bewegen - ohne äußere Absicherungen, ohne greifbaren Halt. Und so ist Loslassen eine der Lektionen, die wir von ihnen lernen können. Sie be-flügeln uns, sodass wir vertrauensvoller werden und allmählich unsere falschen Sicherheiten aufgeben. Unserer Seele wachsen Flügel, die sie aus der Schwere ziehen. Sie stehen deutlich über uns - über den höchsten unserer Fähigkeiten und Möglichkeiten -, aber sie lehren uns, über uns selbst hinauszuwachsen. Die Macht von Menschen, Situationen und Sachzwängen wird brüchig dort, wo die Sphäre der Engel beginnt und wir uns mit ihnen verbinden. Engel begegnen uns in unserer eigenen Tiefe, in der Intuition, im Traum, im traumlosen Berührtwerden in der Nacht, in Krisensituationen auch sichtbar, hörbar, spürbar. Sie erscheinen uns auch in jenen Tiefen der eigenen Seele, in die uns das Orakel führt. Der »Edle Mensch« bzw. das »große Licht« ist in meinen Texten zu jenem Teil unserer selbst geworden, der mit den Engelkräften in Verbindung steht, unsere intuitive Seite, unser tieferes Wissen. Und der »Weg des Himmels« ist jener, den wir zu uns selbst gehen.

TEIL I

Der praktische Umgang mit diesem Buch

Das I Ging als Buch der Wandlung

Bei längerem Umgang mit dem *Buch der Wandlung* setzt ein Selbsterfahrungs- und damit verbundener Wandlungsprozess ein, der Alltag wird durchscheinend auf eine andere, dahinter liegende Wirklichkeit hin. Es wird zu einer lebendigen und überzeugenden Erfahrung, dass Alltagsprobleme uns nicht zufällig begegnen, sondern als sinnvoller und notwendiger Teil unseres Weges, dass Leid und Schmerz nicht dazu da sind, uns zu zerstören, sondern Möglichkeiten, daran zu wachsen und »heil« zu werden. Uns enthüllt sich die »Qualität der Zeit«, die Tatsache, dass es für all unsere Unternehmungen geeignetere und weniger geeignete Zeiten gibt, dass das, was im Augenblick nur unter Aufbietung aller unserer Kräfte zu erreichen wäre, oft ganz leicht zu bewerkstelligen ist, wenn die Zeit dafür reif ist.

Aus der Einsicht in die tieferen Zusammenhänge unserer alltäglichen Erfahrung erwächst Stärke und ein bewussterer Umgang mit allem, was uns begegnet. Wir gewinnen mehr Sicherheit darin, kleinere und größere Lebensentscheidungen zu treffen, sowie den Mut, Neues zu wagen und Risiken einzugehen. Selbstvertrauen und Selbst-Ständigkeit werden gestärkt. Nach und nach werden uns die alten Vorstellungsmuster bewusst, wir erkennen ihre hinderliche Wirkung und beginnen sie abzubauen.

Die Praxis der Befragung und die Erkenntnis neuer Zusammenhänge lässt das Denken ganzheitlicher, beweglicher und umfassender werden. Probleme können kreativer gelöst werden, sobald das Festhalten und Sich-absichern-Wollen abgenommen haben zugunsten von Vertrauen, Loslassen, Wachsenlassen und Gelassenheit.

Das innere Wachsen und Heilwerden, der effektivere Umgang mit den alltäglichen Aufgaben und Anforderungen wird auch manchen äußeren Erfolg mit sich bringen, doch stellt sich dieser eben als Folge einer veränderten inneren Haltung ein. Dieses Buch verspricht keine Anleitung zu schnellem, sicherem Erfolg. Ebensowenig ersetzt es eine notwendige ärztliche oder psychologische Therapie. Es erspart nicht die schmerzlichen Erfahrungen, die mit dem Wachstum verbunden sind, keine Misserfolge, inneren oder äußeren Rückschläge, aber es hilft, sie durchzustehen und unnötige Probleme zu reduzieren. Es verleiht nicht die Macht, alles vollständig unter Kontrolle zu halten und nach eigenen Wünschen laufen zu lassen, lässt aber erfahren, dass das Loslassen viel bessere Resultate erbringt. Es nimmt nicht eigene Entscheidungen ab, hilft aber, sie zu treffen.

Im Folgenden will ich Ihnen zeigen, wie Sie ganz praktisch mit diesem Buch umgehen sollten, um sich seine Möglichkeiten für das eigene Leben nutzbar zu machen.

Die Vorbereitung

Wie bereits erwähnt, wird die Befragung heute gewöhnlich mit Hilfe von Münzen durchgeführt. Das mag die Frage aufwerfen, weshalb diese Münzen, die doch mit mir und meiner Frage gar nichts zu tun haben, etwas Relevantes zu sagen haben sollten. Bei genauerem Hinsehen zeigt sich, dass die Antwort auf unsere Fragen in jedem Fall von unserem Höheren Selbst kommt. Wir können sie zum Beispiel auch dadurch erhalten, dass wir in der Meditation still werden, sodass wir die leise Stimme unserer inneren Weisheit hören können. Dann stellen sich oft ganz von allein Antworten und Einsichten ein. Wir können aber auch einen anderen Weg gehen, indem wir diese leise Stimme sozusagen verstärken, ähnlich wie es ein Radioempfänger mit den für uns nicht hörbaren akustischen Wellen macht. Voraussetzung dafür ist, dass wir ein entsprechendes »Empfangsgerät« einrichten.

Da wir uns hier nicht in einem physikalisch-technischen Bereich bewegen, sondern in einem, in dem unsere Gedanken und Vorstellungen die wirksamen Kräfte sind, liegt es eigentlich weitgehend an uns selbst, was wir dazu bestimmen. Es können Bilder sein, wie etwa im Tarot, oder eben das Ergebnis eines Münzwurfs, dem wir eine bestimmte Bedeutung beilegen. Er wird so zu einem Medium, durch das sich uns unser Höheres Selbst mitteilen kann. Voraussetzung dafür ist nur, dass es einen möglichst hohen Grad an Zu-Fälligkeit gibt, sodass die Antwortmöglichkeiten nicht unnötig eingeschränkt sind. An dieser Stelle ist vielleicht der Hinweis interessant, dass das I Ging 4096 Antwortmöglichkeiten bereithält.

Bevor Sie an die Befragung gehen, legen Sie sich am besten drei gleiche Münzen und Schreibzeug zurecht. Sie können dazu spezielle Orakelmünzen verwenden, aber ebenso gut beliebige Münzen, die nur nicht zu groß sein sollten, sodass man sie leicht zwischen zwei Händen schütteln kann.

Suchen Sie dann einen möglichst ruhigen Ort auf, an dem Sie sich wohl fühlen und nicht gestört werden. Manche Menschen bevorzugen es, die Befragung in ein regelrechtes Ritual und eine eigens dazu hergestellte besondere Atmosphäre einzubetten. Nötig ist das nicht, aber es fördert natürlich die Sammlung und das Ruhigwerden.

Die klarsten und hilfreichsten Antworten erhalten Sie, wenn Sie

- innerlich möglichst ruhig sind,
- Ihre Fragen klar und präzise formuliert haben,
- bereit sind, die Antworten zu akzeptieren, wie immer sie auch ausfallen.

Sehen wir uns diese Punkte einmal genauer an.

Innere Ruhe

In klassischen Anleitungen zur I-Ging-Befragung wird im Allgemeinen wirklich meditative Stille gefordert. Das Ritual des Schafgarbenorakels trug schon durch die umständliche und zeitaufwendige Art seiner Durchführung dazu bei, dass sich Ruhe einstellte. Wenn Sie Fragen klären wollen, die für Sie weitreichende Bedeutung haben, rate ich Ihnen unbedingt dazu, in entsprechender Weise – zum Beispiel durch eine Meditationsübung – größtmögliche innere Stille einkehren zu lassen.

Für die vielen kleineren alltäglichen Entscheidungssituationen ist das nicht im selben Maße nötig. Aber auch da ist es erforderlich, dass Sie einen gewissen inneren Abstand zu Ihrer Frage, Ihrem Problem herstellen können, denn wenn man nicht die nötige innere Ruhe hat, bekommt man statt einer wirklichen Antwort nur die eigene innere Unruhe gespiegelt, und das kann sehr verwirrend und beunruhigend sein. Schließlich gibt es auch noch die Möglichkeit, die eigene Spannung und Unruhe selbst zum Gegenstand der Befragung zu machen, sich also zunächst bewusst spiegeln zu lassen, in welchem Zustand Sie sich gerade befinden, zu ergründen, welche Ursachen das hat, und zu erfragen, wie Sie da herausfinden. Das aber gelingt nur, wenn Sie schon über ein wenig Erfahrung mit der Befragung verfügen.

Nehmen wir folgendes Beispiel: Herr A kommt, von seiner unbefriedigenden Arbeit frustriert, nach Hause und fragt, ohne erst zur Ruhe zu kommen, das I Ging, wie es wäre, wenn er einfach seine Arbeitsstelle aufgäbe. Darauf erhält er eine positive, bestätigende Antwort. Es könnte fatale Folgen haben, wenn er dem nun blindlings folgte. Denn diese Antwort spiegelt ihm nur seinen augenblicklichen emotionalen Zustand: Jetzt gerade, im Augenblick der Befragung, macht die Vorstellung, die ungeliebte Arbeit aufzugeben, ihn innerlich froh und weckt positive Erwartungen.

Sinnvoller wäre das folgende Vorgehen: Herr A macht sich seinen Ärger und sein Unbefriedigtsein bewusst, nimmt sich Zeit, sich mit diesen Gefühlen auseinanderzusetzen, und geht ihnen auf den Grund. Liegt sein Unmut daran, dass ihm die Arbeit keine Freude mehr macht, dass er Probleme mit Vorgesetzten oder Kollegen hat, dass er sich überlastet oder überfordert fühlt, dass er nicht mehr dazu kommt, einem ihm wichtigen Hobby nachzugehen...? Aus dem, was er herausfindet, formuliert er dann neue, sinnvolle Fragen an das I Ging: Wie kann ich dahin kommen, wieder Freude an meiner Arbeit zu finden? Was ist der erste Schritt, um mein Problem am Arbeitsplatz zu lösen? Was kann ich tun, um mich besser zu fühlen? So kann er mit Hilfe des I Ging sinnvolle Schritte unternehmen, um sein Problem zu lösen, und wird gleichzeitig noch eine Menge über sich selbst erfahren, erkennen, dass die Blockaden oft gar nicht außen, sondern im eigenen Inneren liegen, und dass, wenn sie da gelöst werden, die Lebenskraft wieder freier fließen kann.

Häufig ist es auch hilfreich, größere, unüberschaubare Angelegenheiten in Teilprobleme aufzulösen und sie nach und nach anzugehen.

Die Fragestellung

Das Beispiel von Herrn A im vorhergehenden Abschnitt zeigt, wie wichtig es ist, sich zunächst genau über die Fragen klar zu werden, die man mithilfe des I Ging lösen möchte. Wenn eine solche Befragung für Sie völlig neu ist, fangen Sie am besten zunächst mit einfachen Angelegenheiten an, um so allmählich Erfahrung im Formulieren sinnvoller Fragen und im Umgang mit den Antworten zu sammeln. Allerdings sollten die Fragen unbedingt ernst gemeint sein und die Angelegenheiten, nach denen Sie fragen, wenigstens eine gewisse Bedeutung für Sie besitzen. Auf reine Erprobungsfragen bekommen Sie keine sinnvollen Antworten.

Es ist sehr wichtig, dass Sie Ihre Fragen möglichst präzise und exakt formulieren, denn umso klarer und eindeutiger fällt die Antwort aus. Auf verschwommene, weitreichende Fragen, die sich »irgendwie« auf Ihre Situation im Großen und Ganzen beziehen, bekommen Sie entsprechend vage Antworten. Das klingt einleuchtend und erscheint leicht zu verwirklichen, ist es aber in der Praxis oft gar nicht. Wenn Sie versuchen, ein bestimmtes Problem in eine Frage umzuwandeln, kann sich herausstellen, dass es viel komplexer ist, als Sie zunächst dachten, oder dass Sie sich eigentlich noch gar nicht so recht im Klaren darüber sind, worin es eigentlich besteht. Das Formulieren einer präzisen Frage stellt für sich genommen schon einen Klärungsprozess dar, der zu ihrer Lösung und Beantwortung beiträgt.

Sinnlos sind Fragen vom Typ: »Soll ich nach Hamburg oder nach Bremen ziehen?« oder: »Soll ich diese Partnerschaft eingehen oder nicht?« Zum einen hat das I Ging weder »Hamburg« und »Bremen« noch »ja« und »nein« in seinem Wortschatz – das heißt, es kann faktisch gar nicht darauf antworten –, vor allem aber nimmt es Ihnen keine Entscheidungen ab. Sie befragen keine Instanz, die Ihnen vorschreibt, was Sie zu tun hätten. Vielleicht würden Sie durch die Antworten gespiegelt bekommen, aus welcher Haltung heraus Sie Ihre Fragen stellen, zum Beispiel, dass Sie einer eigenständigen Entscheidung ausweichen möchten oder gerade zu müde sind, um sich damit auseinanderzusetzen.

Besser ist es auch hier, im Vorfeld zu klären, welche Erwartungen, Wünsche oder Befürchtungen für Sie mit der einen oder anderen Alternative verbunden sind. Wenn Sie sich dann selbst ein konkretes Ziel gesetzt haben, können Sie das I Ging einsetzen, um es zu erreichen. Fragen könnten dann etwa sein:

- Wie kann ich in der Frage meines neuen Wohnortes am besten zu einer Entscheidung finden?
  Das I Ging wird Ihnen dann vielleicht antworten, dass Sie zunächst zur Ruhe kommen und Abstand herstellen sollten, gelassene Zuversicht bewahren, eine umwälzende Entwicklung in Ihrem inneren oder äußeren Leben abwarten, allzu angestrengtes Bemühen aufgeben ... Was immer es ist: Wenn Sie dem Rat folgen, werden Sie feststellen, dass sich innerlich ein Zustand einstellt, aus dem heraus Sie die Entscheidung klar und ruhig treffen können.
- Ist jetzt der richtige Zeitpunkt, einen konkreten Schritt in dieser Angelegenheit zu unternehmen, oder warte ich besser noch?
- Gehe ich besser langsam, bedächtig vor und stelle mich auf eine allmähliche Entwicklung ein, oder ist es richtig, forscher vorzugehen?

Wichtig ist es, sich klarzumachen, dass das I Ging Sie nicht bevormundet und nicht auf Sie aufpasst, Ihnen auch ethische und moralische Entscheidungen nicht einfach abnimmt. Es beantwortet lediglich die Fragen, die Sie ihm stellen. Setzen Sie sich ein Ziel, so wird es Ihnen den gewünschten Rat für den Weg dorthin erteilen, aber es sagt Ihnen nicht, ob es gut für Sie ist, dort anzukommen, und es gibt Ihnen auch keine Garantie dafür, dass Sie es erreichen werden. Auf jeden Fall werden Sie aber ein Stück in Ihrer persönlichen Entwicklung vorankommen.

Sie können die Befragung auch gezielt einsetzen, um sich differenzierter über eine Situation klarzuwerden. Nehmen wir als Beispiel Frau B., die sich gerade völlig aufgewühlt und durcheinander fühlt, weil sie sich nicht entscheiden kann, ob sie den Schritt in die berufliche Selbstständigkeit wagen oder weiter an ihrem unbefriedigenden, aber sicheren Arbeitsplatz bleiben soll. Sie grübelt Tag und Nacht zwanghaft daran herum, es raubt ihr die Ruhe und bringt sie keinen Schritt weiter. Sie beginnt, an ihren Fähigkeiten zu zweifeln. Am Ende beschließt sie, alles so zu belassen, wie es ist, nur um endlich wieder inneren Frieden zu finden. Damit bringt sie sich vielleicht ganz unnötig um etwas, das eine große Lebenserweiterung für sie hätte sein können. Mit Hilfe des I Ging hätte sie herausfinden können, wo wirklich das zentrale Problem liegt. Vielleicht hätten ihr die Antworten gezeigt, dass sie selbst sich den Druck verursachte, an dem sie so litt, indem sie sich zu angestrengt um eine Entscheidung bemühte. Vielleicht hätte sie erfahren, dass jetzt nicht der richtige Zeitpunkt wäre, eine Entscheidung zu treffen, oder die Antworten hätten ihr ihre Ängste und Befürchtungen gespiegelt, sodass sie sich mit ihnen nach und nach hätte auseinandersetzen können. Sie hätte nicht mehr eine unbestimmte Last gefühlt, sondern das, was sie bedrängte, klarer erkennen können, z. B. als inneren Widerstand, der sich häufig einstellt, wenn man etwas grundsätzlich Neues plant, und mit dem sich auch viele Menschen auseinandersetzen mussten, die dann später mit diesem Neuen großen Erfolg hatten.

Beim Entwickeln konkreter, präziser Fragen werden Sie feststellen, dass Ihnen dabei nicht nur unerwartete Perspektiven Ihres Problems deutlich werden, sondern sich auch unerwartete Alternativen bei der Lösung auftun. Wir neigen im Allgemeinen dazu, allzu schnell in unserer Vorstellung die Lösungsmöglichkeiten einzuschränken (was dann leicht in die Verzweiflung führt: Wenn dies nicht geht und das auch nicht, dann geht gar nichts und es ist aussichtslos). Der Dialog mit dem I Ging lässt Sie Ihre Fragen in einem weiteren Zusammenhang sehen und allmählich werden Sie erkennen, dass es oft Ihre eigenen einschränkenden Vorstellungen sind, die Ihnen im Wege stehen, vor allem aber auch, dass die Lösung oft nicht darin liegt, dass sich außen etwas verändert, sondern dass sich in Ihnen selbst Wandlungen vollziehen und dass Sie zwar selbst die Fäden Ihres Lebens spinnen, dabei aber Begleitung finden, wenn Sie das wünschen und wollen und sich mit den Engelkräften verbinden.

Eine weitere Möglichkeit besteht darin, sich einfach für jeden Tag einen begleitenden Engel zu erfragen.

Die Antworten akzeptieren

Sie wenden sich mit Ihren Fragen zwar, wie gesagt, nicht an eine Instanz, die Sie überwacht und bevormundet, andererseits aber auch nicht an eine mechanische Auskunftei. Eigentlich richten Sie sie an Ihr Höheres Selbst, das seinerseits mit höheren Mächten in Verbindung steht und deshalb besser als Ihr Verstand raten und auch die Verbindung zu hilfreichen Kräften herstellen kann. Es erscheint deshalb geboten, diesen Mächten und Kräften einen gewissen Respekt entgegenzubringen. Das I Ging erwartet keine übertriebene Unterwürfigkeit, es reicht aus, wenn Sie ihm so begegnen wie einem geschätzten oder verehrten Menschen, den Sie auch nicht mit Ihren Fragen auf die Probe stellen oder durch die immer gleichen und bereits beantworteten Fragen belästigen würden. Übrigens bekämen Sie in diesen Fällen auch keine hilfreichen Antworten, sondern nur Ihre Fragehaltung gespiegelt. Sie können mit dem I Ging wie mit einem Menschen Erfahrungen sammeln, es nach und nach besser kennen lernen und tiefer verstehen, was es sagt.

Zu diesen Umgangsformen gehört auch die Bereitschaft, die Antwort zu akzeptieren, gleichgültig, wie sie ausfällt. Je größer Ihr Vertrauen ist und Ihre Bereitschaft, eine ehrliche Antwort zu erfahren, desto klarer und hilfreicher fällt sie aus. Sie können sich zum Beispiel vor der Befragung sagen: »Wie immer die Antwort ausfällt, ich will sie annehmen.« Annehmen bedeutet nicht, dass Sie blindlings irgendwelchen Anweisungen zu folgen hätten. Es geht nur darum, zu akzeptieren, dass die Antwort, die Sie erhalten, eine wichtige Botschaft auf Ihre Frage enthält. So könnten Sie etwa erfahren, dass Sie sich deshalb nicht gut fühlen und ratlos sind, weil Sie die Verbindung zum Engel des Er-Wartens verloren haben. Wenn Sie sich damit auseinandersetzen, dass das Warten an und für sich eine Qualität darstellt und im Augenblick in Ihrer Angelegenheit das Beste ist, wenn Sie bereit sind, sich dem Engel des Er-Wartens zu öffnen, wird sich daraus etwas für sie Wichtiges ergeben. Vielleicht entwickeln sich die Dinge ohne Ihr Zutun so, wie Sie es wünschen, oder die Antwort, die Sie so verzweifelt suchen, stellt sich plötzlich ganz mühelos von selbst ein, während Sie sich zum Beispiel mit einem Freund unterhalten oder ein Buch lesen.

Wenn Sie sich über Ihre genaue Frage klar geworden sind, schreiben Sie sie am besten auf. Das Aufschreiben erfordert eine genaue Formulierung der Frage und oft merkt man erst dabei, dass doch noch etwas unklar ist. Außerdem ist es später bei der Interpretation der Antworten von Nutzen, den genauen Wortlaut der Frage vor sich zu haben.

Die Durchführung der Befragung

Nun können Sie zur eigentlichen Befragung übergehen. Sie setzen sich an einen Tisch oder vor eine andere ebene Fläche, nehmen die drei Münzen in den Hohlraum, den Sie mit Ihren beiden Händen bilden, und schütteln sie etwas durcheinander, während Sie sich gleichzeitig – nicht zu angestrengt – auf Ihre Frage konzentrieren. Lassen Sie dann, so gut es geht, die Gedanken und Gefühle, die sich an Ihre Frage heften, vor allem aber den Wunsch, dass die Antwort so oder so ausfallen möge, los und die Münzen auf die Fläche fallen. Gelegentlich kommt es vor, dass dabei eine Münze aufrecht stehen bleibt. Sie können das als Zeichen dafür nehmen, dass etwas nicht stimmt. Vielleicht hat es während des Münzwurfs in Ihnen weiter gearbeitet und unbemerkt hat sich die Fragestellung geändert? Vielleicht sind Sie auch einfach nur in Gedanken zu stark mit etwas anderem beschäftigt gewesen? Formulieren Sie gegebenenfalls die Frage neu und werfen Sie dann nochmals die Münzen.

Sehen wir uns jetzt das Ergebnis Ihres Münzwurfs an.

Die Zahlseite der Münze  gilt als Yin, die Bildseite  als Yang. In jedem Wurf kann also entweder Yin oder Yang überwiegen:

(1) 

In diesem Wurf gibt es nur ein Yin unter zwei Yang, er wird deshalb als »junges« Yin bezeichnet und mit einer durchbrochenen Linie notiert: – –

Hier könnte Verwirrung aufkommen, denn unserem Denken läge es näher, die Linie als Yang zu bezeichnen, da Yang »die Mehrheit hat«. Man kann es sich am besten als Stadium des steten Wandlungsprozesses zwischen Yin und Yang vorstellen: Soeben beginnt Yin in Yang einzufließen, ist dort noch schwach (»jung«), aber wird sich nun verstärken, bis es seinerseits wieder Yang in sich aufnimmt und sich damit ins Gegenteil wandelt.

(2) 

Der umgekehrte Fall: eine »junge« Yang-Linie, notiert mit einer geschlossenen Linie: —

(3) 

Hier spricht man von einem »alten« Yin, denn es hat seinen Höhepunkt erreicht und damit den Punkt, an dem es sich wandeln muss. Notiert wird es mit einer durchbrochenen Linie, die durch ein hinzugefügtes Kreuz als Wandlungslinie markiert ist: – –*

(4) 

Wiederum der umgekehrte Fall: das »alte« Yang, das sich in Yin verwandeln wird, notiert als geschlossene Linie mit einem Kreuz daran: —*

Das klingt umständlich. In der Praxis brauchen Sie aber nur die Notation der verschiedenen Würfe zu kennen, die hier noch einmal in einer Tabelle wiedergegeben ist:

	– –
	—
	– –*
	—*

Zahl

Bild

Sie werfen Ihre drei Münzen insgesamt sechsmal und notieren die Striche. Dabei bildet der erste Strich die Grundlinie des Hexagramms, die anderen werden darüber notiert, das heißt, es wächst gewissermaßen von unten nach oben.

Beispiel:

6. Wurf – –
5. Wurf ——
4. Wurf – –
3. Wurf ——
2. Wurf ——
1. Wurf ——

Um das Hexagramm, das Sie erhalten, im Buch aufzufinden, verwenden Sie die Tabelle auf Seite 30.

Sie stellen bei diesem Beispiel also fest, dass es sich um das Hexagramm 5 handelt, das den »Engel des Er-wartens« symbolisiert. Lesen Sie den Text, den Sie dort finden – den Haupttext, nicht den zu den einzelnen Linien –, als Antwort auf Ihre Frage.

Die Bedeutung der Wandlungslinien

Nun kann es aber auch sein, dass Ihr Wurf Wandlungslinien enthält. Das ist häufig der Fall, und daraus ergibt sich erst die riesige Zahl der Antwortmöglichkeiten des I Ging.

Nehmen wir folgendes Beispiel:

6. Wurf – –
5. Wurf ——*
4. Wurf – –*
3. Wurf ——
2. Wurf ——
1. Wurf ——

Es handelt sich wiederum um das Hexagramm 5, dieses Mal jedoch mit Wandlungslinien auf dem 4. und 5. Platz. In diesem Fall lesen Sie bitte von Hexagramm 5 nur die Texte zur 4. und 5. Linie. Sodann wandeln Sie das Hexagramm um, das heißt, die 4. und 5. Linie werden jeweils in ihr Gegenteil verwandelt:

6. Wurf	- -	bleibt	- -
5. Wurf	—*	wird zu	- -
4. Wurf	- -*	wird zu	—
3. Wurf	—	bleibt	—
2. Wurf	—	bleibt	—
1. Wurf	—	bleibt	—
	Hexagramm 5	wird zu	Hexagramm 34

Wenn Sie das neu entstandene Hexagramm in der Tabelle nachschlagen, finden Sie, dass es sich um Hexagramm 34 handelt, das für den »Engel der inneren Stärke« steht. Lesen Sie hier den Haupttext.

Sie haben nun eine Antwort auf Ihre Frage vor sich, die aus zwei Linientexten und einem Haupttext besteht. Die Versuchung ist groß, sich aus den drei Antworten diejenige auszusuchen, die besonders erwünscht oder am leichtesten verständlich ist. Wichtig ist jedoch, dass sie alle erhaltenen Antworten im Zusammenhang betrachten.

Daraus ergibt sich die Frage nach der Interpretation der Antwort. Die Linientexte enthalten gewöhnlich speziellen Rat. In dem vorliegenden Fall ermutigen die Linientexte Sie dazu, in der Angelegenheit, nach der Sie fragen, das Abwarten durchzuhalten. Der Haupttext von Hexagramm 34 rät Ihnen, die Verbindung mit dem »Engel der inneren Stärke« zu festigen. Das kann bedeuten, dass Sie diese innere Stärke brauchen, um das Abwarten durchzuhalten, aber auch umgekehrt, dass es Ihnen innere Stärke verleiht und Ihnen den Zugang zum »Engel der inneren Stärke« eröffnet, wenn Sie sich zum Abwarten entschließen. Sehr häufig wird beides der Fall sein.

Das Verhältnis von Linientexten zum Haupttext lässt sich nicht allgemein festlegen. Manchmal spiegeln die Wandlungslinien einen seelischen Zustand. Oft geben sie konkreten Rat. Es kann auch sein, dass die Linientexte den augenblicklichen Zustand beschreiben, während der Text zum gewandelten Hexagramm zukunftsweisend ist, die Lösung benennt oder die Entwicklung, die die Dinge nehmen werden. Hier hilft die meditative Zusammenschau eher weiter als ein rein logisches Zusammendenken oder Analysieren.

Wenn mehrere Wandlungslinien auftreten, können diese in ihrer Bedeutung auch geradezu im Widerspruch zueinander stehen, zum Beispiel wenn die eine zum Handeln auffordert, während die andere gelassenes Abwarten empfiehlt, oder wenn die eine rät, sich zurückzuziehen, und die andere, sich der Sache zu stellen. In diesem Fall macht Ihnen das I Ging zunächst einmal einen Konflikt deutlich, der in Ihnen selbst liegt und den Sie sich bewusst machen sollten.

Der Umgang mit den Antworten

Beachten Sie bitte, dass die Antworten, die Sie erhalten, keine allgemein und jederzeit, in jeder Situation gültigen Lebensweisheiten darstellen, sondern stets situationsbezogen zu verstehen sind. Sie können sich zudem auf Großes und Kleines, Bedeutsames und Alltägliches in gleicher Weise beziehen.

Der »Engel der Veränderung« etwa wird Sie durch einen grundlegenden Wandel Ihrer gesamten Lebensverhältnisse ebenso begleiten wie in einzelnen, kleineren Angelegenheiten, die sich entscheidend ändern. Die Veränderung kann sich äußerlich vollziehen oder es kann in Ihnen eine entscheidende Veränderung vorgehen, die Sie die Dinge anders sehen und erleben lässt. Schließlich kann die Umwälzung auch in einer körperlichen Veränderung bestehen. Was jeweils zutrifft, ist nur im Zusammenhang mit Ihrer konkreten Fragestellung zu entscheiden. Deswegen ist es auch so wichtig, sich den genauen Wortlaut der Frage zu notieren.

Auch die Gründe für die Antwort können sehr unterschiedlich sein. Wenn das I Ging Ihnen abrät, etwas Bestimmtes zu tun, kann es sein, dass aufgrund der äußeren Gegebenheiten jetzt kein gutes Ergebnis zu erwarten ist. Es kann aber auch sein, dass es in Ihnen selbst etwas gibt, das erst gelöst werden muss, weil es sonst die gewünschte Entwicklung behindert. Mit zunehmender Erfahrung werden Sie das unterscheiden können und damit haben Sie dann auch für sich einen tiefen Einblick in die Tatsache gewonnen, dass Ihr Inneres und »die Welt da draußen« gar nicht so stark getrennt sind, sondern sich eher in einem fließendem Austausch oder einem Dialog miteinander befinden. Sie werden vielleicht auch herausfinden, dass einige Ihrer inneren Blockaden sehr genau dem entsprechen, was traditionell als das Ego bezeichnet wird, das es zu überwinden gilt.

Die Sprache ist – gegenüber dem Bild – ein recht unflexibles Medium, und es ist deshalb nicht möglich, alle Antworttexte so zu formulieren, dass sie wortwörtlich auf jede gestellte Frage anwendbar sind. Gelegentlich werden Sie feststellen, dass Teile der Antwort für Ihre Fragestellung weniger relevant sind. Manchmal wird es nötig sein, die Formulierung ein wenig zu ändern.

Mit der Zeit wird sich Ihnen über die vorgegebenen Texte eine eher bildhafte Vorstellung von der jeweils angesprochenen Engelkraft erschließen, die Sie dann für sich selbst in neue und andere Worte fassen können. Dazu verhilft eine eher meditative Betrachtung der Antworten, bei der Sie versuchen, sich oder die Situation, derentwegen Sie das I Ging befragen, darin wiederzufinden. Sie können sich etwa fragen: »Was bedeutet die Verbindung mit dem ›Engel der inneren Stärke‹ heute für mich, in der ganz konkreten Situation, in der ich stehe?« und dann Bilder dazu aus Ihrem Inneren aufsteigen lassen. Oder Sie gehen in die Situation, die Ihnen Probleme bereitet, im Bewusstsein, dass dieser Engel sie begleitet, und sind aufmerksam für sein Wirken.

Dadurch, dass Sie die Antworten im Laufe der Zeit auf viele verschiedene Fragestellungen bezogen erhalten, lernen Sie viel über ihre Bedeutungsbreite und manche Verwirrung, die es am Anfang noch geben mag, verschwindet. Wenn Sie jedoch Antworten erhalten, die einfach nur verwirrend und unverständlich sind, oder wenn Sie erst große Gedankengebäude errichten müssen, um sie »passend« zu machen, stimmt etwas nicht. Vielleicht war Ihre Frage nicht klar und eindeutig genug gestellt. Oder vielleicht fehlte Ihnen im Inneren die nötige Klarheit.

Wenn Sie zum Beispiel fragen, ob es an der Zeit wäre umzuziehen oder das besser noch aufzuschieben, in Wirklichkeit aber beschäftigt Sie tief innerlich die viel dringlichere Frage, ob Sie morgen die Prüfung bestehen werden, antwortet das I Ging auf diese Ihnen viel näher liegende Frage, auch wenn Sie sie nicht bewusst gestellt haben. Ein ähnlicher Fall kann eintreten, wenn Sie mehrere Fragen kurz hintereinander stellen. Das I Ging antwortet dann möglicherweise auf die vorausgehende Frage, an der Sie innerlich noch festhängen. Wie wichtig es ist, hier genau zu unterscheiden, will ich Ihnen an einem Beispiel zeigen: Frau C. ist Grafikerin. Sie steht vor der Aufgabe, eine bestimmte Auftragsarbeit auszuführen, und befragt zunächst das I Ging: »Wie gehe ich am besten mit dieser Arbeit um?« Unter anderem erhält sie die Antwort, es sei jetzt nicht der rechte Zeitpunkt, etwas zu unternehmen. Darauf kann sie sich keinen Reim machen. Wenn sie den vereinbarten Termin einhalten will, muss sie jetzt mit der Arbeit beginnen. Welchen Sinn sollte es haben, das nicht zu tun? Schließlich wird ihr klar, dass sich die Antwort gar nicht auf diese konkrete Arbeit bezieht. Sobald sie tiefer in sich hineinblickt, stellt sie fest, dass der Anlass zu ihrer Frage war, dass sie die Sache am liebsten gar nicht machen möchte und schon mit dem Gedanken gespielt hat, für diesen Kunden nicht mehr zu arbeiten. Auf diese Frage bezogen, die sie im Grunde bei der Befragung in sich trug, ergibt die Antwort einen ganz anderen Sinn: Jetzt nichts zu unternehmen bedeutet, dass sie jetzt nicht den Schritt der Trennung macht, sondern erst einmal bei der Sache bleibt und ihren Auftrag ausführt. Auch dass das gewandelte Hexagramm »Der Engel der Selbstdisziplin« ist, erscheint jetzt sinnvoll, denn die braucht sie, um keine vorschnellen Entscheidungen zu treffen.

Verwirrende Antworten treten auch dann auf, wenn Sie nach etwas fragen, was sich ebenso ohne Hilfe des I Ging beantworten ließe, oder wenn Sie versuchen, durch weiteres Nachfragen unliebsamen Antworten auszuweichen oder sich gegen eine nötige Einsicht zu sperren.

Der Versuch, sich in einem Wust wirrer Antworten zurechtzufinden, kann Sie beträchtlich aus dem Gleichgewicht bringen. Es ist deshalb besser, in einem solchen Fall die Befragung abzubrechen, Abstand herzustellen und für die nötige innere Ruhe zu sorgen.

Wenn sich bei häufigerem oder regelmäßigem Befragen bestimmte Antworten deutlich wiederholen, so ist dies ein Zeichen dafür, dass die darin angesprochene Thematik im Augenblick besonders wichtig für Sie ist.

Vermutlich werden Sie auch gelegentlich den Wunsch verspüren, mit Hilfe des I Ging die Zukunft zu erkunden. Das gelingt nur bedingt, denn da alles in stetem Wandel begriffen ist, liegt auch das, was die Zukunft Ihnen bringen wird, nicht schon fertig »abgepackt« für Sie bereit, sondern entwickelt sich erst noch in einer Fülle von Wandlungsprozessen, auf die Sie auch selbst Einfluss haben. Sie können also nur erfahren, wie die Dinge sich entwickeln werden, wenn Sie die augenblickliche innere Haltung beibehalten. Wenn Sie sie grundlegend ändern, werden Sie auch eine andere Antwort erhalten und es kann Ihnen bewusst werden, wie sehr Sie selbst mitwirken an dem, was Ihnen begegnet. Selbstverständlich gibt es viele Gegebenheiten, die sich unserer individuellen Einflussnahme entziehen, aber auch da haben wir immer noch die Freiheit, zu entscheiden, wie wir uns dazu stellen, und das kann für die persönliche Entwicklung nachhaltige Auswirkungen haben.

Aus dem Gesagten geht auch hervor, dass nur Sie allein die Verantwortung für Ihr Leben und die Entwicklungen, die Sie mit Hilfe des I Ging bewerkstelligen, übernehmen können, denn in Ihrem äußeren Leben verwirklicht sich, was Sie an Gedanken, Gefühlen, Überzeugungen, Glaubenssätzen und Verhaltensmustern in sich tragen. Das *Engelbuch der Wandlung* hilft ihnen jedoch, diese Zusammenhänge klarer zu erkennen und zu einer bewussteren Lebensgestaltung einzusetzen.

Das Auffinden der Hexagramme

Teilen Sie zunächst das Hexagramm (6 Linien) in zwei Trigramme (3 Linien) auf.

Beispiel:

☴ oberes Trigramm

☲ unteres Trigramm

Den Trigrammen werden traditionell Namen zugeordnet:

☰	Himmel	☷	Erde
☲	Feuer	☵	Wasser
☱	See	☴	Wind
☶	Berg	☳	Donner

Suchen Sie nun zunächst das untere Trigramm in der senkrechten Spalte auf, dann das obere in der waagrechten. Wo sich die beiden treffen, finden Sie die Nummer der jeweiligen Engelkraft. Das obige Beispiel ergibt das Hexagramm 37 und entspricht somit dem Engel der Geborgenheit.

Oberes Trigramm

Unteres Trigramm	☰	☷	☲	☵	☱	☴	☶	☳
☰	1	11	14	5	43	9	26	34
☷	12	2	35	8	45	20	23	16
☲	13	36	30	63	49	37	22	55
☵	6	7	64	29	47	59	4	40
☱	10	19	38	60	58	61	41	54
☴	44	46	50	48	28	57	18	32
☶	33	15	56	39	31	53	52	62
☳	25	24	21	3	17	42	27	51

TEIL II

Die 64 Engelkräfte

1. DER ENGEL DES SCHÖPFERISCHEN DENKENS

Wenn du mit dem Engel des schöpferischen Denkens nicht in Verbindung bist, wirst du leicht von dunklen Gedanken und Erwartungen überwältigt. Das Gefühl der Machtlosigkeit gegenüber dem, was geschieht, treibt dich zu Extremen: Du lässt die Angelegenheit, nach der du fragst, einfach laufen oder versuchst, sie unter Aufbietung aller deiner Kräfte in eine bestimmte Richtung zu zwingen. Mal lässt du dich von den Ereignissen einfach davontragen, dann wieder versuchst du, alles deiner Kontrolle zu unterwerfen.

Wenn dich der Engel des schöpferischen Denkens begleitet, siehst du, dass alles durch Wandlung geschieht. Du weißt, dass du die Gesamtheit der Wandlungsprozesse, die nötig sind, um von dort, wo du jetzt stehst, dahin zu gelangen, wohin du strebst, nicht überschauen und lenken kannst, es aber auch nicht musst. Wenn dein Ziel mit dem Willen deiner Höheren Macht in Einklang steht, kannst du auf die Hilfe der Engelkraft rechnen. Du machst dir eine lebendige Vorstellung von dem, was du erreichen möchtest, und hältst daran fest. Du tust, was in deiner Macht steht - was du tun kannst, ohne nachhaltig aus deiner Mitte zu geraten -, und überlässt das, was du nicht tun kannst, dem Wirken der Engelkraft. Auch wenn dir das, was sie bewirkt, zunächst unbedeutend, unwesentlich, weit abliegend, unnötig leidvoll oder falsch erscheint, lässt du dich in deinem einmal gefassten Vertrauen nicht beirren, dass allmählich die äußere Realität deinem inneren Bild entgegenwachsen wird.

Wandlungslinien

1. Du fühlst dich vom Strom der schöpferischen Kraft abgeschnitten. Am besten vermeidest du es jetzt, zu handeln und Entscheidungen zu treffen.

2. Deine innere Kraft fließt, indem du sie einsetzt. Es ist wichtig, dass du dabei mit dem tiefen inneren Wissen in dir in Kontakt bleibst, damit du dich nicht mit dem, was außen ist, verstrickst und mit deiner Kraft zum Guten wirken kannst.

3. Du hast das Gefühl, in der Luft zu hängen. Es fehlen dir Anhaltspunkte dafür, Entscheidungen zu treffen. In dieser Situation ist es gut, aufmerksam zu bleiben und konsequent deinem Weg zu folgen.

4. Etwas versucht, dich in die Tiefe des Zweifels, der Angst, der Mutlosigkeit oder in Illusionen zu ziehen. Aber es gelingt dir, dich dem gegenüber zu behaupten und auf deinem Weg zu bleiben.

5. Ein chinesisches Sprichwort sagt: Wenn du einen grünen Zweig im Herzen trägst, wird sich ein singender Vogel darauf niederlassen. Ist das, was du im Herzen trägst, geeignet, um das herbeizulocken, was du dir wünschst?

6. Du fügst dir selbst Schmerz zu, indem du mit großer Willensanstrengung etwas zu tun versuchst, was außerhalb deiner Macht und Möglichkeiten liegt. Du hast weiter nichts zu tun, als die Aufgabe zu lösen, vor die dein Weg dich wirklich stellt.

2. DER ENGEL DER SCHÖPFERISCHEN KRAFT

Wenn du mit dem Engel der schöpferischen Kraft nicht in Verbindung bist, meinst du, alles durch Eingreifen, Handeln, Kämpfen, Entscheiden oder Kontrollieren bewältigen zu müssen und nur so deine Ziele erreichen zu können. Damit aber errichtest du Blockaden gegen das Gute, das zu dir kommen will, störst den Prozess, in dem sich verwirklicht, was du dir als Ziel gesetzt hast. Du belastest dich damit, dir Gedanken zu machen, was geschehen könnte, oder dir Wege auszudenken, von denen du meinst, du müsstest sie gehen. Du nährst deine Ängste, Zweifel und einengenden Überzeugungen, indem du darauf siehst, wie andere Menschen ihre Angelegenheiten allein mit äußerer Geschäftigkeit, Kontrolle und falschen Kompromissen bewältigen. Wenn dir der Engel der schöpferischen Kraft nicht das rechte Maß angibt, neigst du aber vielleicht auch zu falscher Passivität und fühlst dich unfähig, dir selbst zu helfen, deinem Leben eine eigene Richtung zu geben.

Wenn dich der Engel der schöpferischen Kraft begleitet, führt er dich sicher an dein Ziel, vorausgesetzt, es steht im Einklang mit dem Willen deiner Höheren Macht. Du findest Weite und Luft zum Atmen. Alles, was geschieht, geschieht zu deinem Besten, auch wenn du unterwegs noch in manche Sackgasse geraten magst. Du stellst dich den Problemen, die dir auf dem Weg begegnen, und lässt dich von der Engelkraft sicher hindurchführen. Du lässt den Dingen ihren Lauf und du lässt ihnen Zeit. Das, was du brauchst, was dir weiterhilft, kommt zu dir. Wenn die Dinge sich nicht so entwickeln, wie du es dir vorstellst, weißt du, dass dich der Engel zu noch Besserem führt. Wenn der Weg ins Dunkle führt, bist du dort nicht allein. Ohne an etwas festzuhalten, lässt du dich durch Höhen und Tiefen geleiten. Du weißt und vertraust darauf, dass jede Frage, jedes Problem, das du in dir trägst, eine Lösung findet, wenn du keine Barrieren dagegen errichtest.

Wandlungslinien

1. Sorgen, Ängste, negative Gedanken und Erwartungen sind ein erstes Anzeichen für ein sich ausbreitendes Erstarren deiner Lebensenergie. Wenn du es anwachsen lässt, gewinnt es Macht über dich.

2. Erinnere dich an Situationen, in denen du nach außen hin nichts tun, nichts unter Kontrolle bringen konntest, aber dennoch alles gelang. Auch jetzt kannst du wieder auf das Wirken der Engelkraft vertrauen.

3. Tue, was du kannst, und bemühe dich um Gelassenheit. Den Rest kannst du beruhigt dem Wirken des Engels überlassen.

4. In Zeiten, in denen die Wachstumskräfte in deinem Leben nicht aktiv sind, ist es gut, dich im Handeln, Entscheiden und Reden zurückzuhalten. Es gilt, wachsam zu sein.

5. Du hast die Fähigkeit, die nötig ist, um deine Probleme zu meistern. Sie erwächst dir daraus, dass du den Zusammenhang erkennst zwischen dem, was in dir lebt, und dem, was außen geschieht. Wenn du in dir Klarheit und Sicherheit hast, ziehst du damit Heil/ung an.

6. In dir tobt ein Kampf zwischen Altem, Überlebtem und Neuem. So unangenehm dieser Zustand auch ist, muss er doch durchgestanden werden, damit das Bessere ans Licht kommen kann.

3. DER ENGEL DES ERSTEN SCHRITTES

䷂

Wenn du mit dem Engel des ersten Schrittes nicht in Verbindung bist, siehst du dich in der Ungewissheit des Anfangs nur von Dunkel umgeben und verlierst die Orientierung. Alles erscheint aussichtslos. Du fragst dich, warum dir geschieht, was dir sinnlos und ungerecht vorkommt. Die Schwierigkeiten dieser Zeit geben dir das Gefühl, auf dem falschen Weg zu sein. Du möchtest dich aus dem Dunkel befreien, aber dir fehlen die Anhaltspunkte für einen klaren Entschluss. Vielleicht will deine innere Spannung dich sogar dazu treiben, alles einzureißen, um neu anzufangen, oder du hast eine Neigung in dir, in kleinen Unannehmlichkeiten große Probleme zu sehen. Du versuchst, um mit Anne Morrow Lindbergh zu sprechen, »die Wachstumsschmerzen zu heilen, sie auszutreiben, als seien sie Teufel, wo sie eigentlich Engel der Verkündigung sein könnten.«*

Wenn dich der Engel des ersten Schrittes begleitet, fühlst du dich wie ein Keimling auf dem Weg ans Licht. Noch umgibt dich vollständiges Dunkel und du fühlst dich zerbrechlich und verwundbar. Aber die Engelkraft ermutigt und stärkt dich. Beharrlich wächst du dem Zeitpunkt entgegen, an dem der Keimling das Erdreich durchstoßen und sich unter der Sonne zu einer prächtigen Pflanze entwickeln wird. Um die Richtung zu behalten, bleibst du beharrlich bei dem, was du als dein Ziel, deine Absicht erkannt hast, auch wenn vielleicht im Augenblick nichts dafür und alles dagegen zu sprechen scheint. Du grübelst nicht über andere Entscheidungen und neue Ziele nach, sondern tust alles, was nötig ist, um deinen gegenwärtigen Stand zu festigen. Auf jeder Stufe schaffst du dir den festen Grund, den du brauchst, um die nächste zu erklimmen.

---

* Anne Morrow Lindbergh: *Muscheln in meiner Hand.* Piper Verlag, München 1967, S. 79

Wandlungslinien

1. Entweder fehlen dir zur Zeit die für eine Entscheidung nötigen Anhaltspunkte oder du hast in dir selbst nicht genug Klarheit, um einen Entschluss zu fassen. Es ist besser, du lässt die Angelegenheit vorerst ruhen, statt weiter daran herumzugrübeln, und bemühst dich um innere Stärke und Klarheit.

2. Du hast das Gefühl, auf der Stelle zu treten. Das ist darauf zurückzuführen, dass du dich um etwas bemühst, das sich dir entzieht. Allmählich aber kommt alles wieder ins Gleichgewicht, wenn auch vielleicht anders, als du es dir jetzt vorstellst.

3. Du hast dich in deine Gefühle verrannt. Du fühlst dich bedrückt und verwirrt und siehst möglicherweise Probleme, die gar nicht existieren. Du kannst so nicht weitermachen, sondern bedarfst der Hilfe des Engels, der dich sicher durch die verwirrenden Erfahrungen hindurchführt.

4. Deine innere Unruhe kommt daher, dass du etwas für dich sehr Wichtiges erwartest, das zu dir kommen wird oder dem du dich zuwenden möchtest. Echten Wünschen, die aus deiner Mitte kommen, solltest du auch wirklich folgen.

5. Kleinere Angelegenheiten kannst du durch zähes Dranbleiben zum Erfolg bringen, aber die augenblickliche Situation erfordert einen schöpferischen Impuls, den du nicht erzwingen kannst. Es sind Kräfte daran beteiligt, auf die du keinen Einfluss hast.

6. Du steckst voller Unruhe, Ungeduld oder Zweifel oder fühlst dich todunglücklich. All das dauert nicht lange, sondern ist nur ein vorübergehender Zustand.

4. DER ENGEL DER UNBEKÜMMERTHEIT

Wenn du mit dem Engel der Unbekümmertheit nicht in Verbindung bist, wirst du von deiner Unbekümmertheit überschwemmt und von Ungeduld, vielleicht auch von illusionären Erwartungen, beherrscht. Blindlings entscheidest du oder lässt dich zu etwas hinreißen, ohne die Folgen zu bedenken. Möglicherweise spürst du auch nur eine Unruhe in dir, die dich zu übereiltem Handeln treiben will. Ein Übermaß an Energie will dich davontragen. Das fühlt sich zunächst sogar gut an und du hältst diesen Rausch vielleicht fälschlich für das Wirken der Engelkraft. Möglicherweise neigst du aber auch dazu, im Gegenteil das leichte Fließen deiner Energie ängstlich zu unterdrücken und deine Unbekümmertheit zu fürchten.

Wenn dir die Verbindung mit dem Engel verloren gegangen ist, geschieht es auch leicht, dass du immer wieder die gleichen Fragen stellst, ohne dich jemals wirklich auf die Antwort einzulassen.

Wenn dich der Engel der Unbekümmertheit begleitet, lernst du, sorgsam mit deiner Spontaneität umzugehen. Du unterdrückst sie nicht, lässt dich aber auch nicht von ihr überwältigen. Wenn dich Ungeduld treibt, wendest du dich ihr zu und lässt sie innerlich los. Du handelst nur dann spontan, wenn du innerlich bereit bist, die Konsequenzen deines Handelns, auch die deiner Fehler und Irrtümer, zu tragen und daraus zu lernen. Deine Energie fließt ruhig und kraftvoll. Du kannst dich dem, was dir begegnet, öffnen, ohne dadurch davongetragen zu werden.

Wandlungslinien

1. Um deine Schwächen und Unzulänglichkeiten zu überwinden, ist es manchmal nötig, dich zu etwas zu zwingen. Doch ein Übermaß an Zwang schadet nur. Strafe dich nicht für deine Fehler und Schwächen.

2. Nimm auch deine Unzulänglichkeiten liebevoll an, sei gütig und nachsichtig mit dir selbst. Indem du Stärke und Bewusstheit einsetzt und zugleich deine Schwächen akzeptierst, kannst du alle Angelegenheiten gut bewältigen.

3. Lass dich nicht von oberflächlichen Gedanken, Gefühlen oder Begierden beherrschen. Folge auch nicht der Stimme in dir, die dir rät, das zu tun, was die schnelle Lösung verspricht.

4. Wenn du dich auf bestimmte Vorstellungen von deinem Weg versteifst oder stur an altgewohnten Lösungs- oder Verhaltensmustern festhältst, machst du es dir unnötig schwer. Hör auf damit, alles über den Kopf und den Willen bewältigen zu wollen.

5. Dich in schlichter, kindlich-vertrauensvoller Weise der Führung durch deine Höhere Macht anzuvertrauen, bringt Heil/ung. Du darfst auch schwach sein und Fehler machen.

6. Wenn du deine überbordenden Gefühle zu sehr unterdrückst, geht auch die Energie verloren, die darin liegt. Es ist besser, sie in geeignete Bahnen zu lenken.

5. DER ENGEL DES ER-WARTENS

Wenn du mit dem Engel des Er-wartens nicht in Verbindung bist, bist du überzeugt, nur durch Handeln – und wenn das nicht geht, durch Grübeln, Planen, Sorgen – etwas erreichen zu können. Dadurch, dass du zur falschen Zeit und von innerem Druck getrieben handelst, schaffst du dir Verwirrung und Probleme. Vielleicht neigst du auch dazu, das Abwarten selbst zu deiner Anstrengung, deiner Leistung zu machen, mit deren Hilfe du den Erfolg heraufbeschwören willst. Damit übst du Druck aus, der als bedrängende Erfahrung zu dir zurückkommt.

Wenn dich der Engel des Er-wartens begleitet, lernst du, das Abwarten als eine eigene Qualität anzusehen. Du verschwendest keine Energie mehr darauf, jetzt sofort eine Lösung herbeizwingen zu wollen, lässt innerlich los und konzentrierst dich auf das, was dir gut tut und Freude macht. Ohne Hetze und innere Aufregung, ohne ständig an das Unerledigte oder Ungewisse zu denken, lässt du locker, versteifst dich auf nichts, er-wartest das Beste. Du lässt dich in dieser Haltung nicht beirren, weder durch die eigenen widerstrebenden Gedanken und Gefühle noch durch die Meinung anderer Menschen. Gelassen wartest du, dass die Zeit reif ist, dass sich das Gewünschte von selbst einstellt oder dass du genau weißt, was zu tun ist und wann der rechte Zeitpunkt zum Eingreifen gekommen ist. Du gestaltest dir die Zeit des Wartens so angenehm wie möglich.

Wandlungslinien

1. Am besten, du unternimmst jetzt gar nichts Besonderes, beschränkst dich darauf, nur das Nötigste und Gewöhnliche zu tun, bleibst aber beharrlich auf dein Ziel ausgerichtet.

2. Die Dinge von innen her wachsen zu lassen und ihre Entwicklung abzuwarten, weckt tiefe Zweifel in dir. Lass dich dadurch nicht beirren.

3. Das notwendige Abwarten bringt dich in einen negativen Sog, durch den du dich in Vorstellungen und Gedanken verfängst, die dich immer weiter herunterziehen. Es ist nötig, dich aus dieser Negativität zu befreien.

4. Deine Phantasie malt dir aus, was alles geschehen wird, wenn du jetzt nicht irgend etwas tust. Stärke erwächst dir daraus, diesen Zustand auszuhalten und den Dingen ihren Lauf zu lassen, statt dich durch deine Gefühle zum Eingreifen verleiten zu lassen.

5. Du darfst beruhigt loslassen und es dir gut gehen lassen, auch wenn noch keine Lösung für dein(e) Problem(e) in Sicht ist. Es kommt nur darauf an, dass du auf deinen Weg ausgerichtet bleibst.

6. Es ist gut, auch unangenehme und unangemessene Gefühle zuzulassen und zu akzeptieren. Du kannst sie dann am Ende leichter loslassen, als wenn du gegen sie ankämpfst.

6. DER ENGEL DER FRIEDFERTIGKEIT

Wenn du mit dem Engel der Friedfertigkeit nicht in Verbindung bist, begegnest du allem mit Kampfbereitschaft. Du wendest zu viel Zwang und Kontrolle an und laugst dich aus, um Situationen in die von dir gewünschte Richtung zu drängen. Du baust dir damit selbst die Hindernisse auf, an denen du dann zu scheitern fürchtest. Oder du verwechselst Friedfertigkeit damit, zwanghaft jeden Konflikt zu vermeiden. Möglicherweise fühlst du dich ungerecht behandelt und als hilfloses Opfer, und das lässt dich wütend werden auf diejenigen, die dich deiner Meinung nach dazu gebracht haben. Wenn dir der Engel der Friedfertigkeit nicht zur Seite steht, treibt dich die Eigendynamik des Konflikts, des Erzwingenwollens oder des Kämpfens in immer tiefere Verstrickung. Du kannst den Weg hinaus nicht mehr finden.

Wenn dich der Engel der Friedfertigkeit begleitet, gelingt es dir, die Ebene zu überschreiten, auf der du nur noch Probleme sehen kannst und auf bestimmten Vorstellungen beharrst, wie sie zu lösen sind. Du lässt deine Kampfbereitschaft (oder deine Anstrengung, einen Konflikt zu vermeiden) innerlich los und tust, was dir hilft, deine eigene Stärke wiederzufinden. Du findest eine neue Sicht der Dinge. Du lässt dich nicht auf unergiebige Auseinandersetzungen ein. Du gibst deine zu große Wachsamkeit auf. Du lässt dich nicht auf Machtkämpfe ein. Ganz gleichgültig, was die anderen tun, sagen, denken, meinen (könnten), handelst du so, wie du es für richtig und angemessen hältst. Wo es nötig ist, trittst du energisch und entschieden auf, aber nicht von Wut getrieben. Statt dich an dem festzubeißen, was nicht funktioniert, konzentrierst du dich auf das, was du verändern kannst, worauf du Einfluss hast. Wenn du nichts zu erzwingen versuchst, bist du wie eine Pflanze, die zart wirkt, sich aber mit großer Leichtigkeit und Dauerhaftigkeit behauptet. Der Sturm kann ihr nichts anhaben, weil sie mit ihm hin und her schwingt.

Wandlungslinien

1. Versuche nichts mit Gewalt zu erzwingen. Nähre das Problem nicht, indem du ständig darüber sprichst oder grübelst. Beschäftige dich nur so lange damit, bis dir klar geworden ist, worin das eigentliche Problem besteht, und lasse es dann innerlich los.

2. Da sich der Konflikt oder das Problem (zur Zeit) nicht lösen lässt, ist es am besten, es innerlich loszulassen. Damit entgehst du der Gefahr, dich hoffnungslos in aussichtslose Auseinandersetzungen und Grübeleien oder vergebliche Lösungsversuche zu verstricken.

3. Durch forciertes Handeln, zusätzliche Anstrengungen oder eine Grundsatzentscheidung kannst du das Gewünschte (jetzt) nicht erlangen.

4. Da du den Konflikt oder das Problem zur Zeit nicht lösen kannst, ziehst du dich am besten zurück und vertraust dich der Führung deiner Höheren Macht an. Zwar solltest du klar entschlossen bleiben, eine Lösung zu finden, nicht aber versuchen, sie zu erzwingen.

5. Was du jetzt als Konflikt oder Problem erlebst, wird dich, wenn du es durchstehst, ein gutes Stück voranbringen und dir Heilung schenken.

6. Etwas, das du nur durch Zwang oder Kontrolle erreichst, wird dich nicht befriedigen. Du bist innerlich nicht dazu bereit, es aufzunehmen und zu halten, deshalb entgleitet es dir wieder. Oder das mit allzu großer Anstrengung errichtete Gebäude stürzt ein, sobald deine Aufmerksamkeit nachlässt.

7. DER ENGEL DER SELBSTDISZIPLIN

Wenn du mit dem Engel der Selbstdisziplin nicht in Verbindung bist, ziehen dich die vielfältigen Anforderungen, die auf dich einstürmen, hin und her. Es fällt dir schwer, deine Richtung zu halten. Vielleicht versuchst du, eine klare Richtung zu erzwingen, indem du dich von deinen Gefühlen abschneidest und dich ständig unter Druck setzt, um wirkliche oder vermeintliche Pflichten zu erfüllen.

Wenn dich der Engel der Selbstdisziplin begleitet, bringst du die innere Disziplin auf, die für dich und deinen Weg nötig und gut ist. Praktisch kann das sehr Unterschiedliches bedeuten, etwa:

- Statt dich einfach treiben zu lassen, siehst du deine Aufgabe genau an, bringst Ordnung hinein, machst klare Pläne.
- Du richtest dich in deinem Handeln und Entscheiden nach deiner klaren Einsicht, unterdrückst aber nicht einfach deine widerstreitenden Gefühle, sondern setzt dich mit ihnen auseinander.
- Du prüfst bei jedem entscheidenden Schritt, ob er mit deinem wesentlichen Ziel und deinen Werten in Einklang steht.
- Du grenzt dich klar von den Ansprüchen anderer ab und legst die Tarnkappe vollkommener Anpassung ab.
- Du bringst den Mut auf, Neues zu wagen, und setzt deinen Weg auch dann fort, wenn er durch Schwierigkeiten hindurch führt.

Wandlungslinien

1. Wenn du nicht klar ausgerichtet bleibst, dich über etwas hinwegpfuschst oder dich ablenken und irritieren lässt, bringt dich das vom Weg ab. Das geschieht auch, wenn du versuchst, Teile deiner Erfahrung einfach auszuklammern oder zu verdrängen.

2. Du musst das Wagnis eingehen, dich einzulassen, möglicherweise Fehler zu machen, Misserfolge zu erleiden oder kritisiert zu werden. Das bereitet dir zwar Angst und Unbehagen, aber du öffnest dich damit dem Guten, das du dir wünschst.

3. Du empfindest deinen Zustand als Niederlage und fühlst dich bedrückt. Alte Denk- und Verhaltensmuster oder aus der Vergangenheit mitgeschleppte Lasten tauchen wieder auf.

4. Du ziehst dich zurück, um zu beobachten, wie die Dinge sich entwickeln, und dir Rat zu holen, bevor du eine Entscheidung triffst oder eingreifst. Das ist gut so.

5. Deine Gefühle und Gedanken sind aufgewühlt. Es ist nötig, Ordnung in deine Gedanken und/oder Worte zu bringen.

6. Folge jetzt nicht deinen Gefühlen und den von ihnen beeinflussten Gedanken – das würde nur Chaos herbeiführen. Folge weiter dem, was du in einem besonneneren Zustand als richtig erkannt hast, und vertraue darauf, dass dich der Weg durch diese Erfahrung zum Besseren führt.

8. DER ENGEL DER FRUCHTBARKEIT

䷇

Wenn du mit dem Engel der Fruchtbarkeit nicht in Verbindung bist, verlässt du dich bei deinen Vorhaben allein auf deine eigene Anstrengung und setzt dich unter Druck oder du lässt dich von negativen Vorstellungen und Erwartungen überwältigen. Vielleicht versuchst du, etwas Unmögliches zustande zu bringen, zum Beispiel, Menschen etwas zu geben, wofür sie nicht offen sind, und strafst dich dafür, wenn es nicht gelingt. Damit blockierst du das hilfreiche Wirken der Engelkraft.

Wenn dich der Engel der Fruchtbarkeit begleitet, sorgt er dafür, dass die richtigen Kräfte zum passenden Zeitpunkt zusammenwirken. Du beseitigst alles, was dem hilfreichen Wirken der Engelkraft im Wege steht: Ängste, Sorgen, Zweifel, Selbstmitleid oder das Gefühl, deinen Aufgaben nicht gewachsen zu sein. Du bittest deine Höhere Macht, dich deine augenblickliche Wegstrecke in einem größeren Zusammenhang sehen zu lassen. Du triffst deine Entscheidungen aus der Einsicht in die tieferen Zusammenhänge. Wenn du so zu einem Entschluss gekommen bist, unternimmst du ohne Zaudern entsprechende Schritte, auch wenn alles ganz anders ist, als dein Verstand allein es geplant hätte. Du lässt dich nicht irritieren. Du tust, was dir entspricht, und vertraust darauf, damit auch die passenden Menschen und Umstände anzuziehen.

Wandlungslinien

1. Erfolg stellt sich ein, ohne dass du allzu angestrengt darauf hinarbeitest. Zuversicht und Vertrauen sind die Grundlage dafür, dass alle Kräfte fruchtbar zusammenwirken können.

2. Fruchtbar wirken kannst du nur im Rahmen dessen, was in deiner Reichweite liegt, worauf du Einfluss oder wozu du Zugang hast. In diesem Sinne eingesetzte Geduld bringt Heil/ung.

3. Dich mit Angst, Zweifel, Misstrauen und anderen negativen Gedanken abzugeben oder dich in alte Verhaltensmuster zu verstricken, tut dir und deiner Angelegenheit nicht gut.

4. Du hast es mit einer Angelegenheit zu tun, über die du keine (vollständige) Macht hast. Heil/ung erwächst dir daraus, klar auf deinen Weg ausgerichtet zu bleiben.

5. Du bist umsichtig, geduldig und ausdauernd vorgegangen. Wenn du nun versuchst, allzu direkt ein Ergebnis zu erlangen oder es herbeizuzwingen, machst du zunichte, was du bereits aufgebaut hast.

6. Du glaubst, das Gewünschte durch Willensanstrengung erreichen zu können, und bist ständig besorgt, etwas Wichtiges versäumt zu haben oder zu versäumen. So erreichst du nichts. Es ist besser, dich um eine klare innere Ausrichtung zu bemühen, auf die hin die hilfreichen Kräfte zusammenfließen können.

9. DER ENGEL DER VERHEISSUNG

Wenn du mit dem Engel der Verheißung nicht in Verbindung bist, erlebst du nur spannungsvolle Ungeduld. Du siehst vor dir, was du erreichen möchtest, wonach du vielleicht mit jeder Faser deines Wesens strebst, und leidest daran, dass es vorerst unerreichbar ist. Du bist mit deinen Gedanken unentwegt bei dem, was jetzt noch nicht möglich ist, und überlegst, wie du es herbeizwingen kannst. Vielleicht ist es auch eine in der Zukunft liegende Aufgabe oder Herausforderung, die du lieber gleich hinter dich bringen würdest. Wenn die Engelkraft dir nicht das Herz entzündet, glaubst du immer, wenn Schwierigkeiten auftreten, es sei gleich alles verloren.

Wenn dich der Engel der Verheißung begleitet, kann dich deine innere Spannung nicht beirren. Du vertraust darauf, dass hilfreiche Kräfte bereits auf dem Weg zu dir sind. Du nährst den Funken Hoffnung und Zuversicht in dir. Du bist bereit, die Entwicklung abzuwarten. Du nutzt die Zeit, um dich innerlich vorzubereiten, dass sich der Knoten löst und du dich dem, was zu dir kommen will, öffnen kannst. Wenn Verwirrungen und Schwierigkeiten auftreten, weißt du, dass sie nicht die Macht haben, das Gute, das für dich bestimmt ist, zurückzuhalten. Du weißt, du hast nichts zu tun, als dich dafür bereitzuhalten. Wenn es eine in der Zukunft liegende Aufgabe oder Herausforderung ist, die dich in Spannung versetzt, denkst du so wenig wie möglich daran und tust dir im Hier und Jetzt Gutes, um Kraft zu sammeln.

Wandlungslinien

1. Wenn du nicht weiter weißt, ist die Rückkehr auf den Weg, der dir seelisches Gleichgewicht und inneren Frieden bringt, das Beste, das du tun kannst.

2. Wenn du so weitermachst, gehst du dir selbst verloren. Zwinge dich notfalls dazu, auf den Weg zurückzukehren, der dir seelisches Gleichgewicht und inneren Frieden bringt.

3. In dir herrscht Unordnung. Es hilft nicht, dich einfach darüber hinwegzusetzen.

4. Du fühlst dich dazu getrieben, etwas zu tun, das dir schaden würde. Du überwindest das, indem du dein Vertrauen unbeirrbar in Schutz und Führung durch den Engel setzt.

5. Vertrauensvoll nimmst du deine augenblicklichen Lebensumstände als Stationen auf dem Weg an, den deine Höhere Macht dich führt. Du nimmst die Menschen um dich herum, wie sie sind. Das bereichert auch dein Herz und öffnet es dafür, Heil/ung zu empfangen.

6. Segnende, heilende, hilfreiche Kräfte strömen dir zu. Es ist jetzt nicht an der Zeit, dich anzustrengen und etwas zu erkämpfen, sondern still zu werden, zu ruhen, dich dem, was zu dir kommt, zu öffnen.

10. DER ENGEL DES WAGENS

䷉

Wenn du mit dem Engel des Wagens nicht in Verbindung bist, scheust du vor jedem Risiko zurück. Du fühlst dich überfordert, einsam, ängstlich, hilflos. Am liebsten wäre es dir, jede Angelegenheit mit Erfolgsgarantie angehen zu können oder den Weg des geringsten Widerstandes einzuschlagen. Aber gerade dadurch bleibst du stecken und kommst nicht weiter. Vielleicht ist das Risiko, um das es geht, in Wirklichkeit gar nicht so groß und weckt in dir nur alte Verlust- und Existenzängste.

Wenn dich der Engel des Wagens begleitet, bist du bereit, dich auch auf heikle Angelegenheiten einzulassen, aus dem Gewohnten herauszugehen, Sprünge in Neuland zu wagen und eine Lebenserweiterung zu erfahren. Du weißt, dass du nichts erreichen kannst, ohne gewisse Risiken einzugehen, dass sich das Gewünschte nur verwirklichen kann, wenn du es allen Ängsten und Bedenken zum Trotz einfach lebst. Die Engelkraft des Wagens hilft dir, deiner Angst ins Gesicht zu sehen, bis sie von dir abfällt. Du lässt dich an deinem eigenen Faden herab ins Ungewisse fallen wie eine Spinne, die damit beginnt, ihr Netz zu weben. Die Engelkraft hilft dir, dein »Netz« zu weben, deine Träume zu verwirklichen, deine Talente und Fähigkeiten zu entfalten und zu deiner eigenen inneren Wahrheit zu stehen.

Wandlungslinien

1. Das einfache schlichte Vorgehen auf deine Art bringt dich voran. Du bewahrst deine Unabhängigkeit und bleibst dir selbst treu. Du setzt deinen Weg fort, ohne dich durch das Auf und Ab der Gegebenheiten beirren zu lassen.

2. Wenn du festen Stand in dir selbst hast und dein inneres Gleichgewicht von Menschen und Situationen unabhängig ist, gehst du in Frieden deinen Weg und lässt dich nicht so leicht beirren. Auf die Dauer bewährt es sich, dir selbst treu zu bleiben.

3. Es führt zu nichts Gutem, etwas zu wagen, wozu du nicht die nötige Kraft oder Fähigkeit besitzt und was du dir nicht wirklich zutraust, oder ein unnötiges Risiko einzugehen, wenn im Augenblick noch keine bedeutsame Entwicklung zu erwarten ist.

4. Wenn du mit deiner leidenschaftlichen, risikobereiten Kraft schöpferisch wirken willst, musst du äußerst achtsam vorgehen. Wenn dein Vorhaben mit dem Willen deiner Höheren Macht in Einklang steht, führt es zu Heil/ung.

5. Du bist zwar auf deinen Weg ausgerichtet und das, was du erlebst, gehört zu ihm, dennoch ist es im Augenblick besser, vorsichtig und ohne allzu große Beharrlichkeit vorzugehen.

6. In dem, was uns zu-fällig* begegnet, liegt oft die Antwort auf eine Frage, die wir in uns tragen. In der gegenwärtigen Situation ist es besonders wichtig, auf solche Wegzeichen zu achten. Vielleicht fragst du dich auch, ob das, was dir gerade begegnet, die Antwort auf deine Bitte ist.

---

* Insbesondere handelt es sich dabei um Situationen, die ein merkwürdiges Zusammentreffen von Umständen beinhalten, so als seien sie eigens »inszeniert«, um uns etwas zu sagen. Oder von ganz unerwarteter Seite kommt etwas, das uns genau die Hilfe oder Information gibt, die wir brauchen. Oder etwas ganz Alltägliches gewinnt symbolische Bedeutung, wird zeichenhaft.

11. DER ENGEL DES INNEREN FRIEDENS

䷊

Wenn du mit dem Engel des inneren Friedens nicht in Verbindung bist, wirst du hin- und hergerissen von deinen Gefühlen und Gedanken. Vielleicht glaubst du, in einer einzigen verzweifelten Anstrengung große, weitreichende Aufgaben bewältigen zu müssen. Du überforderst dich selbst, setzt dich unter Druck, versagst dir Nötiges. Damit bringst du dich vollends aus dem Gleichgewicht und die Schwierigkeiten können dich umso leichter überwältigen. Möglicherweise hast du sogar eine Abneigung gegen inneren Frieden, weil du glaubst, das sei ein zu bequemer Weg und hieße, die Augen vor den Problemen zu verschließen.

Wenn dich der Engel des inneren Friedens begleitet, führt er dich in ein inneres Gleichgewicht, in dem du voll über deine Kräfte, deine Weisheit, deine Gaben verfügen kannst. Aus diesem Zustand heraus kannst du leicht und gut deine Aufgaben und Probleme lösen. Du bist mit dir selbst im Reinen, bereit, dich in deiner Menschlichkeit, auch mit deinen Fehlern und Schwächen, anzunehmen, Achtung und Liebe für dich zu empfinden und fürsorglich mit dir umzugehen. Du bist in Kontakt mit jenem Teil deiner selbst, der unangefochten bleibt von den äußeren Stürmen und Widrigkeiten, von dem her du spürst, dass du nicht identisch bist mit deiner Angst, deiner Hilflosigkeit, deinem Schmerz oder was dich sonst bedrängt. Auch wenn du nur noch einen kleinen Funken dieser Stärke und Klarheit in dir finden kannst, wird er unter deiner liebevollen Aufmerksamkeit zu einem großen Licht anwachsen.

Wandlungslinien

1. Es ist an der Zeit, das Problem bei der Wurzel zu packen und gründlich alles auszureißen, was deinem inneren Frieden im Wege steht. Dazu sind ein klarer Entschluss und ein gezieltes Vorgehen nötig.

2. Wirklichen inneren Frieden hast du erst erlangt, wenn du ihn nicht ängstlich schützen musst (etwa durch übertriebene Auswahl der Menschen und Situationen, auf die du dich einlässt), sondern wenn du ihn im vollen Leben wahren kannst.

3. Nach jedem Dunkel kommt wieder das Licht, nach jeder Niederlage die Wendung zum Besseren. Probleme und Schwierigkeiten, Krisen und Konflikte bergen Segen in sich - du musst ihnen nicht ängstlich ausweichen.

4. Du gibst anderen Menschen viel zu viel Macht über dich. Begegne ihnen einfach mit Liebe und setze vertrauensvoll deinen als richtig erkannten Weg fort.

5. Nachdem du dich zu etwas verpflichtet oder erkannt hast, wo dein Weg liegt, gilt es nun, ihn konsequent zu gehen, auch wenn er durch Unannehmlichkeiten hindurch führt. Am Ende führt diese Haltung zu Heil/ung.

6. Du wirst von negativen Gedanken und Gefühlen überflutet und solltest dich in diesem Zustand nicht auf Auseinandersetzungen oder neue Unternehmungen einlassen. Achte darauf, bereits geklärte Fragen nicht neu aufzuwerfen.

12. DER ENGEL DER HEILUNG

Wenn du mit dem Engel der Heilung nicht in Verbindung bist, fühlst du dich - seelisch oder körperlich - gekränkt. Dein Energiefluss ist blockiert. Wichtiges und Unwichtiges, Realistisches und Unrealistisches geraten durcheinander. Du kannst die Dinge nicht ins rechte Verhältnis zueinander setzen. Düstere Gedanken und Erwartungen beherrschen dich. Alles scheint zu stagnieren und du lässt dich vielleicht zu Überreaktionen verleiten.

Wenn dich der Engel der Heilung begleitet, hilft er dir, deine innere Stärke, Klarheit und Ausgeglichenheit wieder zu erlangen, indem du dich kränkenden Einflüssen von außen verschließt, deine Energiehülle stärkst und sie von dem befreist, was dir nicht gut tut. Aus der Perspektive des Engels gesehen, ist die Angelegenheit, derentwegen du dich beunruhigst, nicht so wichtig, dass sie dein Innerstes berühren sollte. Beruhigt kannst du dich anderen Dingen zuwenden, bis ihre Bedeutung auf ein gesundes Maß zusammengeschrumpft ist und du in angemessener Weise damit umgehen kannst.

Wandlungslinien

1. Was ist das Wesentliche, das dich blockiert? Eine Überzeugung, ein Verhaltensmuster...? Wenn du es wie eine Pflanze mit den Wurzeln ausreißt, lösen sich gleichzeitig die daran hängenden Probleme.

2. Eine Änderung der äußeren Umstände wird nicht die Lösung bringen. Suche nach den tieferen Ursachen!

3. Eigentlich schämst du dich, aber du gestehst es dir nicht ein. Sieh genau hin, worauf konkret deine Scham zurückzuführen ist.

4. Lass alle Zweifel fallen, die dich davon abhalten wollen, dem Licht deiner inneren Wahrheit zu folgen. Wenn du dich an ihm orientierst, kannst du nichts falsch machen und wirkst auch für andere segensreich.

5. Die Dinge kommen wieder in Bewegung. Das Lösen von Blockaden führt zu einer vorübergehenden Instabilität. Du brauchst etwas, das dir Stärke und Halt gibt.

6. So wie sich alles wandelt, hat auch diese schwierige Phase unweigerlich ein Ende. Indem du dich dem Licht zuwendest, statt dich vom Dunkel beherrschen zu lassen, kann deine Energie wieder frei fließen und es stellt sich Freude ein.

13. DER ENGEL DER LIEBE

Wenn du mit dem Engel der Liebe nicht in Verbindung bist, beherrschen dich falsche Vorstellungen von Liebe. Vielleicht verwechselst du sie mit Verstrickung, ergehst dich in romantischen oder sentimentalen Vorstellungen, bist geradezu süchtig nach (einem) anderen Menschen oder versuchst, andere »zu ihrem Besten« zu manipulieren. Oder du glaubst, dich selbst zu lieben, wenn du dich nach allen Seiten hin absicherst, Mauern um dich errichtest, dich völlig unterordnest und Konflikte vermeidest. Möglicherweise hältst du es für Nächstenliebe, andere mit deiner Fürsorge zu überschütten oder dich von ihnen bereitwillig zum Opfer machen zu lassen. Wenn dir der Engel der Liebe nicht das Herz öffnet, kannst du auch die Liebe anderer nicht an dich heranlassen.

Wenn dich der Engel der Liebe begleitet, öffnet er dir das Herz und du spürst dich durchströmt von göttlicher Liebe, wie eingetaucht in ein Meer von Liebe. Du weißt, dass du die Liebe, die du anderen gibst, nicht durch große Anstrengung hervorbringen musst, sondern dass sie dir geschenkt wird, dass du nicht abhängig bist davon, dass andere sie dir geben, weil die göttliche Liebe euch verbindet. Du fühlst dich sicher genug, um dich anderen zu öffnen. Alles, was dir begegnet, betrachtest du im Licht unvoreingenommener göttlicher Liebe, ohne dich deswegen in Illusionen zu verirren. Du kannst dich einlassen auf das Auf und Ab des menschlichen Miteinanders, Grenzen setzen und dich Konflikten stellen, wo das nötig ist. Du lässt diejenigen, die du liebst, frei ihrem eigenen Weg folgen.

Wandlungslinien

1. Das, was du ersehnst, kommt nicht zu dir, indem du im Verborgenen planst, phantasierst und manipulierst. Stelle dich deiner Sehnsucht und gestehe (dir) offen ein, wofür dein Herz schlägt.

2. Deine Gefühle gründen nicht in göttlicher Liebe, sondern sind durch vorgefasste Meinungen oder Vorstellungsmuster bestimmt.

3. Du erreichst nicht, was du dir wünschst, indem du einfach die Waffen streckst und dich verkriechst. Setze deine Stärke ein, statt sie zu leugnen, und zeige dich in deiner Eigen-Art.

4. Da du zur Zeit nicht eingreifen, nicht handeln, nichts ändern kannst, ist es am besten – und kein Zeichen für Feigheit oder Ausweichen, wie du vielleicht meinst –, diese Tatsache anzunehmen und dich dem zuzuwenden, was dich stärkt und schützt.

5. Im Augenblick empfindest du nur Trauer und Unglück. Schließlich kehren wieder Freude und Zuversicht ein.

6. Höre auf, gegen das Unabänderliche zu kämpfen, gestehe deine Machtlosigkeit ein und wende dich dem Möglichen zu.

14. DER ENGEL DER INNEREN FREIHEIT

䷍

Wenn du mit dem Engel der inneren Freiheit nicht in Verbindung bist, gerätst du in allerlei Abhängigkeiten, z. B. von deinen zwanghaften Versuchen, Erfolg oder ein bestimmtes Ergebnis herbeizuführen. Oder du folgst blindlings der Stimme in dir, die dich zum Handeln drängt. Du bist auch unfrei, wenn du deinen Blick durch all die Probleme und Hindernisse bannen lässt, die deinem Ziel entgegenstehen, oder dich in Angst und Ärger verstrickst. So verlierst du deine Mitte, deine Gelassenheit und damit die Grundlage zu fruchtbarem Handeln.

Wenn dich der Engel der inneren Freiheit begleitet, stehst du im Zentrum deines Lebens und handelst aus deinem inneren Reichtum heraus: ruhig, gelassen und mit der zuversichtlichen Erwartung, dass sich alles zu deinem Besten entwickelt. Du weißt, dass weder äußere Hindernisse noch deine Ängste und Zweifel verhindern können, dass das Gute zu dir kommt, das dir zugedacht ist. Vielleicht ist das, was du dir wünschst, noch in weiterer Ferne, als dir lieb ist. Vielleicht ist es auch nötig, etwas dafür zu tun, was du lieber vermeiden möchtest. Aber das stört dich nicht in deiner Gelassenheit, Zuversicht und inneren Festigkeit. Du kannst dich nachgiebig verhalten und, wenn nötig, abwarten. Du weißt, du kannst nichts forcieren, musst es aber auch nicht.

Wandlungslinien

1. Deine Beweggründe sind ehrlich und wahrhaftig. Wenn du in Schwierigkeiten gerätst oder geraten bist, hast du keinen Grund, dich zu schämen und schuldig zu fühlen. Lass dich nicht auf falsche Kompromisse ein, sondern bleib deinem Weg treu.

2. Deine Befürchtungen, dass deine Kraft nicht ausreicht oder dass du zu kurz kommst, haben mit der Realität nichts zu tun. Wenn du weiterhin auf dein Ziel ausgerichtet bleibst, wirst du alles bekommen, was du brauchst.

3. Wenn du bei dem, was du vorhast, allein auf deine eigene Kraft baust, wirst du bald scheitern. Nur aus der Verbindung mit deiner Höheren Macht können dir die Kraft und Weisheit zufließen, die du brauchst, um die Situation zu meistern.

4. Du brauchst dich nicht zu verdächtigen, zu stolz und anspruchsvoll zu sein oder von sonstigen falschen Motiven geleitet. Du kannst ganz gut unterscheiden zwischen Handeln zu deinem und anderer Wohl und solchem, das nur dem Egoismus dient, und kannst dir selbst vertrauen.

5. Wenn du deine Stärke aus der Verbindung mit deiner Höheren Macht ziehst, kannst du in angemessener Weise handeln und Entscheidungen treffen.

6. Wenn dein Ziel im Einklang mit dem Willen deiner Höheren Macht steht, wirst du es auch erreichen.

15. DER ENGEL DER DANKBARKEIT

Wenn du mit dem Engel der Dankbarkeit nicht in Verbindung bist, ist das ein Zeichen dafür, wie du dich gerade in der Welt siehst: Du glaubst, alles aus eigener Kraft und Einsicht erreichen zu müssen und auf keine Hilfe bauen zu können – deshalb siehst du nicht ein, wofür du danken solltest. Du siehst an dem, was du erlebst, nur das Fehlerhafte, Ungenügende, das, was deinen Wunschvorstellungen und Ansprüchen nicht genügt, deshalb glaubst du, eher Grund zu haben, ärgerlich und ungeduldig zu werden, als dankbar zu sein. Oder du verlangst dir im Gegenteil etwas ab, das du fälschlicherweise für Dankbarkeit hältst: dich unnötigerweise mit zu wenig zufrieden zu geben, deine Bedürfnisse zu verleugnen, deine Talente und Gaben zu verstecken...

Wenn dich der Engel der Dankbarkeit begleitet, gehen dir die Augen auf dafür, dass das, was du erlebst, zu deinem Weg gehört. Du erkennst, wenn auch nicht immer sofort, dass auch das Widerwärtige und Schwierige, das dir begegnet, Sinn hat. Mit deiner Dankbarkeit erkennst du an, dass du allein mit deinen Anstrengungen nicht viel erreichen kannst. Du öffnest dich dem ausgleichenden Wirken der göttlichen Liebe, die dir da hilft, wo deine Kräfte und Möglichkeiten zu Ende sind, und deinen Mangel ausgleicht. Du nimmst Menschen und Angelegenheiten, wie sie in ihrer Begrenztheit tatsächlich sind, und schraubst deine Erwartungen nicht in unmögliche Höhen. Auf diese Weise kannst du sie dankbar annehmen und ihren tatsächlichen Wert erkennen. Statt das, was du bist und hast, ängstlich festzuhalten, dankst du dafür. Damit bekommst du die Hände frei für das, was dir deine Höhere Macht neu schenken will.

Wandlungslinien

1. Du bist bereit, die Situation so zu nehmen, wie sie ist, und dafür zu danken. Auf diese Weise kommst du entscheidend voran.

2. Das halb volle statt das halb leere Glas zu sehen und beharrlich deinem Weg treu zu bleiben bringt dir am Ende Heil/ung.

3. Wenn du wegen deiner Leistung oder deines Erfolges oder im Hinblick auf deine Fähigkeiten und Möglichkeiten keine Überheblichkeit entwickelst und dich deiner Höheren Macht gegenüber dankbar zeigst, bringt dir das Heil/ung.

4. Wenn du Dankbarkeit übst, bescheiden bleibst, dich selbst nicht zu wichtig nimmst oder deine Anspruchshaltung aufgibst, kommt alles in Ordnung und wendet sich zum Besten.

5. Lass alles los, was dich daran hindert, dich selbst, die Menschen deiner Umgebung und die Umstände, in denen du gerade lebst, so anzunehmen, wie sie sind. Lass dich nicht beirren durch andere Menschen oder Stimmen in dir, die meinen, du müsstest stolzer, fordernder oder kämpferischer auftreten.

6. Deine Bereitschaft, dich zu bescheiden und in alles zu fügen, hat ein Übermaß angenommen. Es ist Zeit, dass du etwas unternimmst, um für dich und deine Angelegenheiten, auch für die Erfüllung deiner Bedürfnisse und Wünsche, zu sorgen.

16. DER ENGEL DER ZUVERSICHT

Wenn du mit dem Engel der Zuversicht nicht in Verbindung bist, versuchst du, die Schwierigkeiten, die dich herausfordern, mit Kampf und Anstrengung zu bewältigen. Dadurch verstrickst du dich immer mehr in die Situation. Bald scheinen die Hindernisse unüberwindlich. Vielleicht hast du dir auch eine künstliche, illusorische Zuversicht aufgebaut, hinter der du dich versteckst, um nicht handeln oder Entscheidungen treffen zu müssen. Da sie nur die Kehrseite von Angst und Sorge ist, hat sie die gleiche destruktive Wirkung.

Wenn dich der Engel der Zuversicht begleitet, kannst du gelassen deinen Weg gehen. Du lässt dich von der Begeisterung für dein Ziel tragen. Du suchst auf, was dich darin unterstützt, und gönnst dir Muße. Gelassene Zuversicht hilft dir, Schwierigkeiten zu bewältigen, Hindernisse zu überwinden und dem Wirken hilfreicher Kräfte Türen zu öffnen. Wenn du getan hast, was zu tun ist und was in deiner Macht liegt, kannst du deine Angelegenheiten beruhigt loslassen und zusehen, wie deine Höhere Macht alles zum Besten wendet.

Wandlungslinien

1. Die Situation sieht deshalb so problematisch aus, weil du dich erschöpft, antriebslos und vom Geschehen überrollt fühlst.

2. Am besten bleibst du jetzt bei dem, was dir in einer ruhigeren, klareren Situation als richtig erschien. Diese Haltung wird dir schnell Kraft und neue Energie bringen.

3. Loslassen und auf die Entwicklung der Dinge vertrauen bedeutet nicht nur, passiv abzuwarten, was auf dich zukommt, oder dich bedingungslos anzupassen. Die augenblickliche Situation erfordert Eingreifen oder klare Pläne und Entscheidungen, vielleicht aber auch, dich aus einer inneren Verstrickung zu lösen.

4. Lass deine Zweifel los und baue deine Sache auf Zuversicht auf. Du kannst es ruhig wagen. Dieser Weg führt zu Heil/ung.

5. Du fühlst dich krank oder gekränkt. Aber dieser Zustand dauert nicht lange an und verschlimmert sich nicht.

6. Einfach untätig zu bleiben und Zuversicht zu wahren ist unsinnig in einer Situation, die Eingreifen, Handeln und Entscheiden erfordert. Ebenso unsinnig ist es zu behaupten, du gingest mit gelassener Zuversicht vor, während du in Wirklichkeit nur auf deine eigene Anstrengung baust.

17. DER ENGEL DER WEGWEISUNG

䷐

Wenn du mit dem Engel der Wegweisung nicht in Verbindung bist, nimmst du nur Schwierigkeiten und Hindernisse wahr und fürchtest, daran zu scheitern. Du versuchst, ihnen auszuweichen oder kämpfst gegen sie an. Dadurch gibst du ihnen die Macht, deinen inneren Frieden zu stören. Du verschleuderst deine Energie, indem du dich um mögliche Schwierigkeiten und Gefahren einer noch entfernten Wegstrecke kümmerst. In Schwierigkeiten verwickelt, glaubst du, dass ein Zustand gelassenen Voranschreitens für dich unerreichbar ist.

Wenn dich der Engel der Wegweisung begleitet, spürst du, dass du Schritt für Schritt geführt wirst. Du konzentrierst dich jeweils nur auf das Stück des Weges, das gerade vor dir liegt. Du vertraust darauf, dass das, was richtig und wichtig für dich ist, auf dich zukommt. Durch Schwierigkeiten lässt du dich nicht entmutigen, sondern nimmst sie als Gelegenheit, gerade jene Kräfte und Fähigkeiten zu entwickeln, die du brauchst. Gelassen stellst du dich ihrer Bewältigung. Dadurch, dass du sie als zu deinem Weg gehörig annimmst, verlieren sie ihre Macht über dich. Aus dem bedingungslosen Ja zu dem Weg, den der Engel dich führt, erwächst Freude und Gelassenheit. Du spannst deine Kräfte an, wenn es Zeit ist, du ruhst aber auch aus und legst das, was jenseits deiner Möglichkeiten liegt, in die Hände deiner Höheren Macht.

Wandlungslinien

1. Etwas, was bisher Macht über dich hatte, wandelt sich und bedrückt dich nicht mehr. Im Umgang mit anderen Menschen und in deinem Handeln zeigt sich bald, dass etwas anders geworden ist.

2. Du lässt dich von Angst, Selbstmitleid oder anderen einengenden Gefühlen leiten, statt dich im strahlenden Glanz deines Wertes und deiner Würde zu zeigen.

3. Du handelst aus deiner Weisheit und Reife heraus, lässt dich nicht von dem verletzten, ängstlichen Kind in deinem Inneren leiten und machst dich auch nicht vom Urteil derer abhängig, die weniger Einsicht haben. Dennoch solltest du einen besseren Zeitpunkt abwarten, um etwas zu unternehmen.

4. Geht es dir wirklich darum, den Weg zu gehen, den der Engel dich führt, oder willst du nur herausfinden, wie du die Situation am besten manipulieren kannst? Das würde nichts Gutes nach sich ziehen.

5. Du hast eine große Bereitschaft, den Weg zu gehen, den der Engel dich führt. Aus solchem Vertrauen erwächst Heil/ung.

6. Du lässt los, was deinem Vertrauen in die Führung des Engels entgegensteht. Damit verlieren alte Muster ihre Macht über dich und du öffnest dich guten Entwicklungen.

18. DER ENGEL DER LÖSUNG

䷑

Wenn du mit dem Engel der Lösung nicht in Verbindung bist, siehst du nur, dass du wieder einmal mit einer Schwierigkeit konfrontiert bist, die du schon kennst, und das lässt dich resigniert und mutlos werden. Du empfindest es als eine Strafe, noch einmal vor eine Aufgabe gestellt zu werden, die du schon bei früherer Gelegenheit nicht bewältigt hast. Angst, Sorge und Zweifel überwältigen dich. Vielleicht erliegst du der Versuchung, dem Ganzen einfach auszuweichen. Damit stellst du die Weichen dafür, dass das gleiche Problem - wie jede ungelöste Aufgabe - nach einiger Zeit wiederkehrt.

Wenn dich der Engel der Lösung begleitet, siehst du, dass er dich nur deshalb noch einmal vor diese schwierige Aufgabe stellt, weil er dir Gelegenheit geben möchte, sie dieses Mal zu lösen und dich davon zu befreien. Du akzeptierst, dass die Situation etwas herausfordert, das dir schwer fällt. Du lässt es zu, mit Altem konfrontiert zu werden: Gefühlen, Überzeugungen, Einstellungen, Verhaltensmustern, Kindheitserfahrungen..., etwas, woran du dich bisher geklammert hast und das es nun loszulassen gilt. Wenn du mutlos wirst, erinnerst du dich daran, dass sich dir am Ende dieses Weges die Tür zu Neuem, Besserem öffnen wird, und wendest dich entschieden wieder deiner Aufgabe zu. Du gibst Ängsten und Zweifeln so wenig Energie wie möglich und stärkst dafür positive und zuversichtliche Gedanken.

Wandlungslinien

1. Du bist mit einem alten Verhaltens-, Erlebens- oder Einstellungsmuster konfrontiert. Es bedrängt dich von innen oder kommt dir von außen entgegen. Du kannst dich jetzt davon lösen.

2. Du stehst vor der Aufgabe, ein altes Verhaltens-, Erlebens- oder Einstellungsmuster zu bearbeiten. Wenn du fest auf deinen Weg ausgerichtet bleibst, ist das nicht so schwer.

3. Es ist frustrierend, alte Verhaltens-, Erlebens- und Einstellungsmuster zu bearbeiten. Aber wenn du erst einmal davon frei geworden bist, wird es dir gleich viel besser gehen.

4. Wenn du deine alten Verhaltens-, Erlebens- und Einstellungsmuster einfach hinnimmst, ohne daran zu arbeiten, wirst du eines Tages darunter zu leiden haben.

5. Es wird dir Gutes für dein Leben bringen, dass du die Verantwortung für deine alten Verhaltens-, Erlebens- und Einstellungsmuster übernimmst und sie aufzulösen suchst.

6. Wenn dein Wille mit dem deiner Höheren Macht im Einklang ist, kannst du ihm beruhigt folgen.

19. DER ENGEL DER HOFFNUNG

Wenn du mit dem Engel der Hoffnung nicht in Verbindung bist, fühlst du dich von Dunkel umgeben und weißt nicht weiter. Selbst wenn ein Lichtstreif am Horizont auftaucht, nimmst du ihn kaum wahr und denkst nur daran, dass er ja doch wieder vergeht. Was sich äußerlich oder innerlich entwickelt hat oder was du geschafft hast, kommt dir nicht bedeutend genug vor. Alles Licht verdüsterst du mit negativen Gedanken, Sorgen und Befürchtungen.

Wenn dich der Engel der Hoffnung begleitet, begrüßt du freudig jedes Licht, das am Horizont aufblitzt, als Zeichen des Herannahens einer besseren, fruchtbareren Zeit. Vielleicht besteht das Neue darin, dass du das tust, was dir hilft, deinen inneren Frieden zu wahren, oder das, wozu dein Herz Ja sagt, auch wenn dein Ego es für dumm oder falsch hält. Vielleicht darin, ein neues Verhalten zu praktizieren, auch wenn du dich noch ungeschickt und unsicher dabei fühlst. Oder du bist endlich bereit, dich selbst anzuerkennen. Auch wenn du auf die günstige Entwicklung, die sich ankündigt, noch nicht bauen kannst, erfreust du dich an dem, was schon da ist, und nimmst die positiven Aspekte der Situation dankbar an.

Wandlungslinien

1. Es besteht eine innere Anziehung zu dem Gewünschten, die es lohnend erscheinen lässt, den eingeschlagenen Weg weiterzuverfolgen, auch wenn der Erfolg nicht sicher ist.

2. Es besteht eine innere Anziehung zu dem Gewünschten, die eine gute Entwicklung erwarten lässt, auch wenn der Erfolg nicht sicher ist.

3. Obwohl es eine innere Verbindung zu dem Gewünschten gibt, würde der Versuch, jetzt irgend etwas zu erlangen, keinen nennenswerten Erfolg haben. Die Unzufriedenheit mit diesem Zustand ruft bald Gegenkräfte in dir wach.

4. Wenn du mit deiner Höheren Macht in Verbindung stehst, kannst du bedenkenlos und in Erwartung des Besten auf Menschen, Situationen und Aufgaben zugehen, da sie keine Macht über dich haben.

5. Bei deinem Handeln lässt du dich von deiner Höheren Macht leiten. Voller Vertrauen in den guten Ausgang kannst du deshalb geschehen lassen, was geschieht.

6. Deine Höhere Macht meint es gut mit dir und will dir Fülle schenken. Auch wenn sich die augenblickliche Situation nicht gut anfühlt, wird sich am Ende zeigen, dass sie eine Station auf deinem Weg zum Besseren war. Vielleicht ist es gut, jetzt nicht zu offenherzig zu sein.

20. DER ENGEL DES ABSTANDS

Wenn du mit dem Engel des Abstands nicht in Verbindung bist, fehlt dir der Überblick, der nötig ist, um klar und besonnen zu handeln. Du verbeißt und verstrickst dich in die äußeren oder unwesentlichen Aspekte der Situation oder einer bestimmten Angelegenheit. Innerlich bist du so unruhig, dass du die Stimme deiner Höheren Macht nicht hören kannst. Vielleicht versuchst du, den Konsequenzen deiner eigenen Entscheidungen auszuweichen, den Weg, den du dir vorgenommen hast, nicht wirklich zu gehen, sondern in Illusionen oder Tagträume auszuweichen. Wenn du Zeit und Ruhe hast, bemühst du dich nicht, in deine Mitte und zu innerem Frieden zu kommen, sondern verlierst dich in Grübeleien.

Wenn dich der Engel des Abstands begleitet, vielleicht auf einen hohen Berg oder eine andere hohe Warte, gewinnst du Überblick über dein alltägliches Leben, deine Probleme, deine Angelegenheiten, die dich gerade verwirren oder belasten. Du stehst über den Dingen und verstrickst dich nicht in sie. Deine Gedanken werden klarer und du legst die Brille deiner vorgefassten Meinungen ab. Du nimmst wahr, was geschieht, ohne ihm gleich eine Bewertung oder Bedeutung beizulegen. Dir wird der größere Zusammenhang deutlich, in dem die Angelegenheit steht, die dich beschäftigt. Wenn es darum geht, dass du eine innerliche oder äußere Verpflichtung eingegangen bist, findest du den Mut, nun auch entsprechend zu handeln.

Wandlungslinien

1. Du siehst die Angelegenheit an wie ein Kind, das die Zusammenhänge noch nicht versteht. Aus dieser Perspektive machst du dir unnötige Sorgen und fühlst dich klein und hilflos. Es ist Zeit, dich wieder auf das Wirken deiner Höheren Macht zu besinnen.

2. Du betrachtest die Angelegenheit aus einer beengten Sichtweise*. Öffne dich stattdessen vorbehaltlos allem, was kommen mag.

3. Indem du deine Erfahrungen betrachtest, lernst du, allein die richtigen Entscheidungen zu treffen. Du kannst z. B. herausfinden, ob du in der richtigen Verfassung dazu bist, Entscheidungen zu treffen und zu handeln, oder ob es jetzt besser ist, dich erst einmal zu sammeln.

4. Wenn du die Angelegenheit aus innerem Abstand heraus betrachtest, kannst du die tieferen Zusammenhänge erkennen. Bei wichtigen Entscheidungen solltest du dich nicht von Gefühlen und falscher Rücksichtnahme leiten lassen, sondern nur von deiner Einsicht.

5. Es ist gut, dein Leben bewusst zu führen und dir darüber klar zu werden, was abläuft. Aber das sollte nicht dazu führen, dass du dich ständig unter Kontrolle hältst, so als würde deine Höhere Macht dich strafen, wenn du Fehler machst.

6. Du kannst in dieser Angelegenheit nicht aus deiner Einsicht heraus richtig urteilen oder eine Lösung finden, weil sie noch zu sehr am Äußeren orientiert ist und nicht ausreicht, um zu verstehen, warum dir diese Situation begegnet und wohin sie dich führt.

---

* z. B. dem Bedürfnis, die Angelegenheit unter Kontrolle zu bringen oder jedes Risiko auszuschalten, aus augenblicklichen Wünschen und Bedürfnissen, Neugier oder der Neigung heraus, Teilaspekte zu wichtig zu nehmen.

21. DER ENGEL DER ABGRENZUNG

Wenn du mit dem Engel der Abgrenzung nicht in Verbindung bist, kannst du das Band nicht durchtrennen, das dich innerlich an eine belastende Situation oder Angelegenheit bindet. Du kaust darauf herum wie auf einem zähen Stück Fleisch. Wie du sie auch drehst und wendest, du siehst keine Lösung, keine Möglichkeit, bist unsicher, unentschieden und von Zweifeln geplagt. Du weißt vielleicht nicht einmal genau, was du eigentlich willst, und verhältst dich deshalb auch nach außen unklar.

Wenn dich der Engel der Abgrenzung begleitet, hilft er dir, deine Entmutigung zu überwinden und dich aus der inneren Abhängigkeit von einer belastenden Situation zu befreien. Du lässt die Dinge nicht einfach auf dich zukommen und dich von ihnen überrollen, sondern setzt gezielt deinen Willen ein. Du setzt klare Prioritäten, wobei an oberster Stelle steht, in deiner Mitte, auf deinem Weg zu bleiben und damit angeschlossen zu sein an den universellen Strom von Lebenskraft. Dann gehst du energisch daran, zu beseitigen, was dem gewünschten Zustand im Wege steht: äußere Einflüsse, eigene negative Gedanken, Energiebänder, die dich mit Menschen verbinden, die dir nicht gut tun ... Du machst dir genau klar, was du (ändern) willst, und vertrittst es dann auch nach außen.

Wandlungslinien

1. Negative Gedanken und Gefühle haben dich so im Griff, dass sie dir alle Kraft rauben. Am besten entziehst du ihnen entschlossen deine Aufmerksamkeit und wendest dich anderen Dingen zu.

2. Es ist an der Zeit, negativen Einflüssen, die in dein Leben hineinwirken, entschlossen den Zugang zu verwehren oder dich entschieden von dem zu lösen, was dir nicht gut tut.

3. Die Situation konfrontiert dich mit einem alten Problem oder Konflikt. Das zähe Herumkauen auf dieser Angelegenheit trübt vorübergehend deine Stimmung oder dein Befinden.

4. Die Situation erscheint zäh und trübe. Wenn du aber trotz der scheinbaren Aussichtslosigkeit weiter klar auf deinen Weg ausgerichtet bleibst, führt das am Ende zum Guten.

5. Die Situation ist zäh und trübe, aber es liegt ein Schatz darin verborgen, den du erlangen kannst, indem du Ja sagst zu allem, was dir begegnet. Die Schwierigkeiten, in die dich das bringt, gehören zu deinem Weg, und du brauchst dich ihretwegen nicht beschämt und schuldig zu fühlen.

6. Du bist völlig in deinen Gefühlen oder deiner Halsstarrigkeit gefangen und taub für die Stimme, die dich auf einen besseren Weg zurückführen will. In diesem Zustand kannst du deiner eigenen Einschätzung der Situation kaum trauen.

22. DER ENGEL DER ÄUSSEREN FORM

Wenn du mit dem Engel der äußeren Form nicht in Verbindung bist, neigst du dazu, in jeder Schwierigkeit oder Aufgabe ein tiefgreifendes Problem zu sehen, das nur durch intensive innere oder äußere Arbeit zu lösen ist. Aber mit dem ganzen Aufwand deiner Anstrengung machst du es dir nur selbst schwer. Angesichts all der entgegenstehenden Hindernisse erscheint dir dein Ziel unerreichbar. Wenn der Engel der äußeren Form dir nicht das Maß setzt, kann es auch umgekehrt so sein, dass du dich bei deinen Urteilen und Entschlüssen zu sehr vom äußeren Eindruck leiten lässt.

Wenn dich der Engel der äußeren Form begleitet, zeigt er dir, dass die Angelegenheit, die dich augenblicklich beschäftigt, nicht von der Art ist, dass sie einer tiefgehenden Analyse und Bearbeitung bedarf. Das Problem liegt weniger in der Sache selbst, als in der Art, wie du sie ansiehst. Vielleicht reicht es, dir vorzustellen, du wärest bereits die Person, die zu sein du dir wünschst, und entsprechend zu handeln. Z. B. das, was dich belastet, mit Leichtigkeit und Humor zu nehmen. Vielleicht kleidest du dich anders, richtest deine Wohnung so ein, dass sie deinem neuen Selbstbild entspricht, oder änderst deine Tageseinteilung. Vielleicht entschließt du dich, das, was du zu tun hast, auf höfliche, freundliche Art zu tun, obwohl dir nicht danach zumute ist. Oder du handelst, als ob du sicher wärest, dass du dein Problem bewältigen kannst und dass sich alles zum Besten wendet. Vielleicht ist es auch nötig, mehr Ordnung in deine Angelegenheiten oder deinen Tagesablauf zu bringen. Du weißt, dass du durch die Änderung der äußeren Form keine tiefgreifenden Probleme bewältigen kannst, aber du weißt ebenso, dass du es in diesem Fall auch nicht musst. Wenn du dazu neigst, deinem inneren Leben zu viel Raum zu geben, fordert der Engel dich auf, dem äußeren Leben genug Bedeutung beizumessen.

Wandlungslinien

1. Du bist bereit, die Konsequenz und innere Arbeit aufzubringen und durchzuhalten, die jetzt nötig sind. Du lässt dich nicht dazu verleiten, es dir bequem zu machen.

2. Du setzt dir die Maske von Sicherheit und Kraft auf, um dein Problem oder deine Aufgabe zu bewältigen. Allmählich passt du dich innerlich der Maske an.

3. Nichts und niemand hat die Macht, dir und deiner Angelegenheit zu schaden, wenn du unter dem Schutz deiner Höheren Macht handelst.

4. Du bist darum bemüht, die anstehende Situation zu Heilung und Klarheit zu führen. Das Problem liegt aber nicht in der äußeren Situation, sondern in dir selbst.

5. Es reicht nicht aus, einfach nur so zu tun, als würdest du der Situation ganz souverän begegnen. Du musst schon tief innerlich von deinem Wert und deiner Würde überzeugt sein.

6. Dein Auftreten ist in Ordnung. Du ebnest damit den Weg, das, was du anstrebst, auch zu erreichen.

23. DER ENGEL DER KRISE

Wenn du mit dem Engel der Krise nicht in Verbindung bist, erscheint dir jede (kleinere oder größere) Krise* als bedrohlich oder katastrophal. Krisen führen dazu, dass wir uns von Altem, Überlebtem befreien und für Neues, Lebensgemäßeres Raum gewinnen. Wenn du nicht davon überzeugt bist, dass dich der Engel durch diesen Prozess begleitet, versuchst du, ihm auszuweichen. Du bist dann wie ein Schmetterling, der sich weigert, aus seinem Kokon ans Licht und in die Freiheit zu schlüpfen. Du bleibst gefangen in dem Bild, das du von dir hast, in deinen Gewohnheiten, deinen Überzeugungen. Du glaubst, es würde dich zerreißen, wenn du aus der zu engen Haut schlüpfst. Vielleicht fürchtest du auch, dich zu verlieren, wenn du eine Haut nach der anderen abstreifst, weil du nicht an deinen inneren Kern glaubst, der bleibt und der sich entfalten will.

Wenn dich der Engel der Krise begleitet, wagst du es, allzu fest gewordene Strukturen aufzubrechen, die alte Haut, die nicht mehr deiner inneren Wirklichkeit entspricht, abzustreifen. Du spürst alle Gefühle, die sich einstellen, wenn das, was dir bisher Selbstverständnis und Sicherheit gab, zerbricht: deine Angst, deine Wut, deinen Zweifel... Du erkennst an, dass es ein schmerzhafter und mühsamer Prozess ist, aber zugleich spürst du auch, wie dich der Engel fürsorglich und verständnisvoll durch diese Krise begleitet. Du vermeidest es, dir in diesem Zustand neue Ziele zu setzen oder weitreichende Entscheidungen zu treffen. Du lässt dir Zeit, den Schmerz durchzustehen, in der Gewissheit, dass sich unter der alten Haut schon eine neue gebildet hat, die dich schützt, aber nicht so einengend ist wie die alte.

---

* Ich möchte hier noch einmal besonders darauf hinweisen, dass sich die Antworten auf ganz kleine Probleme ebenso beziehen können wie auf schwerwiegende Lebensprobleme. Dieses Hexagramm als Antwort zu bekommen muss also nicht bedeuten, dass man in einer schweren Lebenskrise steckt, sondern kann sich ebenso auf kleinere, alltäglichere »Häutungsprozesse« beziehen.

Wandlungslinien

1. Mache dich innerlich unabhängig von den Meinungen und Bildern, die andere von dir haben oder die du selbst hast. Lass dich darin nicht beirren.

2. Mache dich innerlich unabhängig von Meinungen und Bildern, die dir nahestehende Menschen von dir haben (könnten). Lass dich nicht beirren.

3. Mache dich innerlich unabhängig von etwas, das dir sehr nah und sehr wertvoll ist, das dein tiefstes Inneres berührt. Das kann etwa ein lang gehegtes Selbstbild sein.

4. Das Abstreifen alter einengender Häute gibt dir das Gefühl, an dem Ast zu sägen, auf dem du sitzt. Du solltest das Abstreifen nicht übertreiben und nicht gleich alles auf einmal aufgeben, was dir bisher ein Gefühl von Sicherheit gegeben hat.

5. Neues kann jetzt ungehindert in dein Leben fließen und ihm wieder Frische geben. Du wirst vom Fluss des Lebens getragen. Alles ist gut.

6. Indem du alte Häute abstreifst, wird dein innerer Kern freigelegt wie ein Same, der sich nun frei entfalten kann.

24. DER ENGEL DER EINKEHR

Wenn du mit dem Engel der Einkehr nicht in Verbindung bist, verlierst du dich im Äußeren. Ständig hast du zu tun oder überlegst, was du tun könntest oder müsstest. Deine ganze Aufmerksamkeit ist auf äußere Umstände gerichtet. Unentwegt setzt du dich den verschiedensten Anforderungen, Ansichten und Meinungen aus oder lässt dich von den Wünschen und Erwartungen anderer bestimmen. Auch die Lösung deiner Probleme erwartest du von außen. Du kommst nicht mehr dazu, dich zurückzuziehen, dich zu besinnen und in deine Mitte zu finden.

Wenn dich der Engel der Einkehr begleitet, gelingt es dir, alle äußerlichen Angelegenheiten und Anforderungen draußen zu lassen und dich in dich selbst zurückzuziehen, neue Kraft zu sammeln und still zu werden, sodass neue Einsichten zu dir kommen können und dein Vertrauen in deine Höhere Macht sich stärkt. Du kümmerst dich in angemessener Weise um deine alltäglichen Angelegenheiten, dann aber kehrst du in den Frieden deines Seelenhauses ein und verschließt Fenster und Türen, durch die Sorge und Verwirrung einströmen könnten.

Wandlungslinien

1. Es ist gut, rechtzeitig umzukehren, sobald du siehst, dass der eingeschlagene – innere oder äußere – Weg nicht der richtige ist. Du vermeidest dadurch Handlungen und Entscheidungen, die sich später als Fehler und Hemmnis erweisen würden.

2. Der Engel der Einkehr führt dich aus Angst, Zweifel und dunklen Erwartungen wieder auf den Weg der Liebe, Freude und Klarheit. Die Liebe, mit der du dich dem Leben öffnest, kehrt vielfältig zu dir zurück.

3. Es ist nicht dein Fehler, sondern Teil deines Wachstumsprozesses, wenn du jetzt in Schwierigkeiten steckst, der Weg nicht klar und eindeutig vor dir liegt und du häufig wieder umkehren musst, weil du die Richtung verloren hast.

4. Nach außen gerichtet leben und handeln kannst du mit anderen gemeinsam. Die Einkehr musst du für dich allein vollziehen.

5. Beschuldige dich nicht wegen deiner Fehler und Irrwege, die dich dazu veranlassen, dich wieder auf dich selbst zurückzuziehen oder deine Zielvorstellungen zu revidieren. Sie dienen dir, weil du bereit bist, daraus zu lernen.

6. Statt die Angelegenheit zuversichtlich zu sehen, gehst du mit verbissener Anstrengung an sie heran. Wenn du so weitermachst, wirst du am Ende Opfer deiner eigenen Haltung, weil du nicht mehr aufhören kannst damit, wachsam zu sein und zu kämpfen.

25. DER ENGEL DER EINFALT

Wenn du mit dem Engel der Einfalt nicht in Verbindung bist, liegt es wahrscheinlich daran, dass du damit die Vorstellung verbindest, »einfältig«, nämlich dumm zu sein. Du glaubst, dass das, was dich beunruhigt, nur in den Griff zu bekommen ist, indem du alle Fakten sorgfältig bedenkst, dir gezielte Taktiken überlegst und komplizierte Pläne aufstellst. Selbst die unberechenbaren Faktoren glaubst du dabei berücksichtigen zu müssen und zu können. All dies führt dich aber nur in eine noch tiefere Beunruhigung hinein.

Wenn dich der Engel der Einfalt begleitet, hilft er dir, dich aus der Verstrickung in dein Problem zu lösen und deinen Weg beruhigt fortzusetzen. Du fühlst dich sicher und geschützt, weil du weißt, dass zukünftige Entwicklungen nicht allein von deinem Handeln, Planen und Entscheiden abhängen. Auch wenn du Fehler und Rückschläge erleidest oder nicht sofort eine Lösung findest, kannst du Stille in dir einkehren lassen, so dass du wieder die leise Stimme deiner inneren Weisheit hören kannst, die dir besseren Rat gibt als dein grübelnder Verstand. Der Engel der Einkehr lehrt dich, bei deinem Planen und Handeln von dem auszugehen, worüber du Überblick und worauf du Einfluss hast, und alles übrige deiner Höheren Macht zu überlassen.

Wandlungslinien

1. Lasse jetzt alles los, worin du dich verstrickt hast, und lass den Dingen ihren Lauf. Sie entwickeln sich deinen echten (aus deiner Mitte kommenden) Wünschen gemäß.

2. Versuche nicht, unentwegt zu ergründen, was dir die Sache einbringen wird oder was abgewendet werden müsste, um den Erfolg sicherzustellen. Tue, was jetzt zu tun ist, was von der Sache her erforderlich ist, was dir möglich ist, in dem dir gemäßen Tempo - so säst du eine gute Saat für die Zukunft.

3. Du hast dich darin verfangen, für eine Situation, für die es keine optimale Lösung gibt, eine perfekte Lösung finden zu wollen. Ein Vorteil auf der einen Seite ist nur durch einen Nachteil auf der anderen zu erlangen.

4. Bleib klar auf deinen Weg ausgerichtet, ohne dich beirren zu lassen. Solche innere Festigkeit führt zum Erfolg. Den Schutz deiner Höheren Macht verlierst du nicht - darum brauchst du dich nicht zu sorgen.

5. Kämpfe nicht gegen Schmerz, Angst und Zweifel oder andere negative Gefühle und Gedanken. Damit verstärkst du sie nur. Gestehe dir die Zeit zu, die du brauchst, um sie anzunehmen und loszulassen.

6. Wenn du dich jetzt in unüberlegte Unternehmungen stürzt, verlierst du viel Kraft. Beschränke dich lieber auf das, was hier und jetzt vor dir liegt.

26. DER ENGEL DER VERSORGUNG

Wenn du mit dem Engel der Versorgung nicht in Verbindung bist, glaubst du, nur sicher zu sein, wenn du eisern auf bestimmte Ziele hinarbeitest und stets alles im Griff hast. Du wirst von der Angst getrieben, dass dir auf deinem Weg die »Nahrung« ausgehen könnte – leiblich, materiell, seelisch, geistig –, und versuchst deshalb, einen ganzen Sack davon mit dir zu schleppen. Sobald Schwierigkeiten auftauchen und du Mangel fürchtest, geraten deine Gedanken wieder in die alten Bahnen oder die Macht der Gewohnheit führt dich wieder in jene Muster, aus denen du aufgebrochen warst, um Heilung, Genesung und Wachstum zu suchen.

Wenn dich der Engel der Versorgung begleitet, tust du, was du zu tun hast in der Welt, folgst deiner Bestimmung, entfaltest deine Talente, erledigst deine Aufgaben in der Gewissheit, dass dir zufließt, was du zum Leben brauchst. Sicher wird es nicht einfach vom Himmel fallen, aber du wirst zu gegebener Zeit wissen, was zu tun ist, es werden sich Möglichkeiten zeigen, du wirst Kraft, Einsicht, Hilfe von außen finden – was immer du brauchst. Du stärkst dich für deinen Weg, indem du dich mit den Erfahrungen von Menschen befasst, die vor dir solche Wege gegangen sind.

Wandlungslinien

1. Wenn du so weitermachst, vergeudest du deine Kraft damit, gegen Schwierigkeiten zu kämpfen, an denen du nichts ändern kannst. Nimm die Sache so, wie sie ist, ruhe dich aus, warte ab.

2. Du fühlst dich aus deiner Mitte gerissen und energielos. Dir fehlt der ruhende Pol, von dem aus du gelassen leben und handeln kannst.

3. Beharrlich Schritt für Schritt weiterzugehen ist jetzt besser als leidenschaftliches Voranstürzen. Richte dich klar auf dein Ziel aus und achte darauf, dich nicht von deinen Gefühlen davontragen zu lassen.

4. Deine Gefühle drängen mächtig in eine Richtung, aber du solltest dich nicht einfach von ihnen davontragen lassen, sondern die Zügel in der Hand behalten.

5. Wenn du die vorwärts drängende, expansive, begierige Kraft in dir maßvoll in geeignete konstruktive Bahnen lenkst, kommt auch von außen Erfreuliches auf dich zu.

6. Nimm das, was dir jetzt begegnet, als Teil des Weges, den deine Höhere Macht dich zu deinem eigenen Besten führt. Wenn du im Einklang mit deinem Weg bist, kann deine Lebenskraft frei fließen und trägt dich deinen Zielen sicher entgegen.

27. DER ENGEL DER ERNÄHRUNG

Wenn du mit dem Engel der Ernährung nicht in Verbindung bist, findest du nicht das gesunde Gleichgewicht von leiblicher, seelischer und geistiger Ernährung und/oder das Geben und Nehmen zwischen dir und deiner Mitwelt ist gestört. Vielleicht gibst du der leiblich-materiellen Ernährung ein zu großes Gewicht gegenüber der seelisch-geistigen oder umgekehrt. Vielleicht gibst du mehr, als du nimmst, oder nimmst mehr, als du zurückgibst. Oder du nährst dich auf ungesunde Weise, indem du versuchst, Energie von anderen Menschen oder aus äußeren Erfolgen zu bekommen, statt aus deiner Verbindung mit deiner Höheren Macht. Dann siehst du Menschen und Situationen nur noch unter dem Aspekt, wie sie dich nach deiner Vorstellung »nähren« können, statt dich ihrer Eigenart zu öffnen und dich beschenken zu lassen.

Wenn dich der Engel der Ernährung begleitet, zeigt er dir, welche Nahrung dir fehlt – leiblich-materielle, seelische, geistige, spirituelle – und wo du sie finden kannst. Er leitet dich an, die Nahrung zu suchen, die du brauchst. Was dir nicht entspricht, kann dich auch nicht satt machen. Deine spirituelle Nahrung beziehst du allein aus der Verbindung mit deiner Höheren Macht, und allein durch diese Energie verbindest du dich mit Menschen und Aufgaben. Du gibst anderen Menschen, was ihren Bedürfnissen entspricht, vernachlässigst darüber aber auch die deinen nicht. Du kannst nicht verhindern, dass andere Menschen, die auf ihren eigenen Vorteil bedacht sind, dich schlecht behandeln, aber die Ungerechtigkeit gewinnt keine Macht über dich. Du prüfst, ob du durch schlechte Nahrung das Gute, Klare, Starke in dir untergräbst: Was erhält alles Eingang in deine Gedanken, Gefühle und Phantasien? Du prüfst auch, was du anderen gibst. Meinst du, dass bloße gute Absichten sie satt machen? Nährst du ihre Stärke und Klarheit oder das Ängstliche, Zaudernde in ihnen?

Wandlungslinien

1. Du klammerst dich zu sehr an materielle, äußerliche Sicherheit und wirst davon abhängig. Vielleicht fehlt es dir aber auch gerade an der nötigen Sammlung und du bist nur einfach darauf bedacht, dir mit Hilfe des I Ging einen Vorteil zu verschaffen.

2. Für deine innere Entwicklung ist es nicht nötig, dich in die Einsamkeit zurückzuziehen, strenge Askese zu üben oder deine Ziele zu hoch zu stecken. Um dein Ziel zu erreichen, ist es auch nicht nötig, es zum Mittelpunkt aller deiner Gedanken zu machen.

3. Du bist in Gefahr, dein Menschsein und die damit verbundenen Bedürfnisse und Grenzen zu leugnen. Damit verlierst du die gesunde Erdung.

4. Es ist nicht nötig, dich deiner leiblich-materiellen Versorgung wegen auf Denk- und Verhaltensmuster oder eine Lebensweise einzulassen, die dir schaden und dich vom Weg abbringen. Wenn du konsequent den Weg gehst, den Gott dich führt, bekommst du, was du brauchst.

5. Im Augenblick geht alles drunter und drüber - außen und/oder in dir - und es ist am sichersten, vorerst nichts zu unternehmen.

6. Dich um die leiblich-materielle Seite des Lebens zu kümmern bringt Schwierigkeiten mit sich, aber auch wichtige Erfahrungen, an denen du dich weiterentwickelst. Deshalb beschert dir dieser Weg viel Gutes.

28. DER ENGEL DER UNTERSTÜTZUNG

Wenn du mit dem Engel der Unterstützung nicht in Verbindung bist, fehlt dir die nötige Unter-Stützung für dich und deine Vorhaben. Ebenso wie das Dach eines Hauses einen Balken braucht, der es stützt, ist es auch für deine Unternehmungen nötig, dass sie eine tragende Grundlage haben. Du brauchst sie auch in dir selbst. Obwohl sie dir fehlt, belastest du dich noch zusätzlich, stellst übertriebene Anforderungen an dich selbst, versuchst, etwas zu tun, was gar nicht in deiner Macht liegt, oder lädst dir unnötige Probleme auf.

Wenn dich der Engel der Unterstützung begleitet, siehst du es als warnendes Zeichen, wenn du dich jetzt überfordert fühlst. Du hörst auf damit, dir noch mehr aufzuladen und dich unter Druck zu setzen. Du suchst die Verbindung mit dem Engel, der dir die nötige Unterstützung für dich und deine Angelegenheiten gibt. So kann gerade das, was dich zu überwältigen drohte, zu außerordentlich fruchtbarem Wachstum beitragen. Du stehst über den Dingen.

Wandlungslinien

1. Wende alle Sorgfalt an, um die Sache möglichst gut zu machen, forciere aber nichts.

2. Du fühlst wieder frische Kraft in dir. Das lässt eine gute Entwicklung erwarten.

3. Gib den Versuch auf, etwas zu erzwingen, zu beschleunigen oder unter Kontrolle zu bringen. Sorge dafür, das du dein inneres Gleichgewicht wieder findest.

4. Du hältst dich oder eine Angelegenheit, die dich beschäftigt, aufrecht, aber vergisst darüber, dass du das nur mit allerlei Hilfsmaßnahmen schaffst, nicht aus innerer Kraft heraus. Du solltest die Verbindung mit dem Engel suchen, der dir oder deiner Sache die rechte Unterstützung geben wird.

5. Es fehlt dir zur Zeit an Kraft. Auch wenn das eine oder andere gelingt, ist es noch kein Zeichen für gutes Gedeihen.

6. Dir wächst alles über den Kopf. Das sollte aber kein Grund sein, dich schuldig oder beschämt zu fühlen.

29. DER ENGEL DES MUTES

䷜

Wenn du mit dem Engel des Mutes nicht in Verbindung bist, stürzen dich alle Ungewissheiten, alle Unsicherheiten, jede dunkle Wegstrecke, auch der Weg in die eigene Tiefe, in Angst. Statt dich hoffnungsvoll dem Fließen anzuvertrauen, fühlst du dich einem unberechenbaren, reißenden Strom ausgeliefert und von seinen Strudeln und scharfen Klippen bedroht. Ängstlich klammerst du dich fest und machst dadurch dein Leiden nur noch schlimmer.

Wenn dich der Engel des Mutes begleitet, findest du in dir eine Kraft, die größer ist als deine Angst. Auch wenn du die Angst noch spürst, verliert sie doch ihre Macht über dich. Du wagst es, loszulassen, dich dem Vertrauen zu überlassen. Du lässt dich nicht mehr überwältigen durch Gedanken an das, was alles geschehen könnte. Auch wenn dein Weg durch Angst und Dunkel führt, vertraust du darauf, dass du sicher geführt wirst, und verlierst dich nicht in verwirrenden Gefühlen.

Wandlungslinien

1. Deine Angst lässt dich überall drohendes Unheil und gefährliche Abgründe sehen. Wenn du dich von ihr leiten lässt, bringt dich das aus dem Gleichgewicht.

2. Du klammerst dich an Äußerlichkeiten, statt dich deiner Angst zu stellen und dich der Führung des Engels anzuvertrauen.

3. Deine Angst lässt dich nur finstere Abgründe sehen und Gefahren, denen du rettungslos ausgesetzt bist. Durch deine verzweifelten Versuche, dich daraus zu befreien, gerätst du nur noch tiefer in den Abgrund der Angst. Vertraue dich lieber dem Engel an, der dich sicher durch das Dunkel führt.

4. Du bist seelisch in ein dunkles Loch gefallen. Statt dich zu bemühen, dich daraus zu befreien, hältst du verzweifelt Ausschau nach etwas, das dich dort unten nährt und tröstet, und klammerst dich an Vorstellungen von Hilfe und Linderung, durch die du dir nur neuen Schmerz zufügst.

5. Es reicht aus, wenn du die Probleme des Augenblicks löst, statt gigantische Anstrengungen zu unternehmen, um etwas zu bewerkstelligen, was gar nicht in deiner Macht liegt.

6. Wenn du in deinem augenblicklichen Zustand verharrst, in dem du dich wie in einem dunklen Verlies angekettet fühlst, verlierst du deinen Weg und blockierst den Erfolg.

30. DER ENGEL DER LEIDENSCHAFT

Wenn du mit dem Engel der Leidenschaft nicht in Verbindung bist, siehst du überall nur Probleme und Schwierigkeiten und lässt dich in ihren Bann ziehen. Du fixierst dich auf Fehler und Schwächen bei dir und anderen. Vielleicht reibst du dich auch in äußerer Geschäftigkeit auf und folgst vorübergehenden Begierden, die du fälschlicherweise für Inspirationen hältst. Das kann so weit gehen, dass du dich von Negativem und Bedrohlichem völlig überwältigt fühlst. Möglicherweise suchst du auch gar nicht nach der Verbindung mit dem Engel der Leidenschaft, weil du glaubst, das passe nicht zu innerem Frieden und Gelassenheit.

Wenn dich der Engel der Leidenschaft anleitet, das Feuer deiner Leidenschaft klug zu lenken, erkennst du, dass dort, wohin du es lenkst, Entwicklungen in Gang gesetzt werden. Du hütest dich deshalb davor, es auf Probleme und Schwierigkeiten oder lebensfeindliche Gegebenheiten auszurichten. Stattdessen hütest du dein inneres Feuer, lässt dich begeistern und zu Liebe, Mut, Entschiedenheit drängen, aber nicht auf Wegen davontragen, die dir nicht gut tun. Du lenkst es auf erfreuliche Möglichkeiten und stärkst sie damit. Du lässt es alte Blockaden ausbrennen und neue Entwicklungen in Gang setzen. Hinter all den Fehlern, Unzulänglichkeiten und Schwächen in dir und anderen Menschen siehst du das Klare, Starke, Gute, Liebenswerte und unterstützt damit seine Entfaltung.

Wandlungslinien

1. Du solltest jetzt nicht einfach blindlings handeln, sondern die Eigengesetzlichkeit der Situation respektieren, über die du dich nicht einfach hinwegsetzen kannst.

2. Vergiss nicht, auf deinen Weg ausgerichtet zu bleiben, auch wenn sich gerade alles leicht und mühelos entwickelt.

3. Das Alte, das du hinter dir lassen willst*, wirft noch einmal verlockende Schatten. Es wäre aber verfehlt, diesen Sonnenuntergang mit der Morgenröte eines vielversprechenden neuen Anfangs zu verwechseln.

4. Voller Begeisterung hast du dich auf etwas eingelassen. Aber es war nur ein Strohfeuer. Der Angelegenheit fehlt eine solide Basis.

5. Etwas, das Macht über dich hatte, löst sich auf. Du spürst den damit verbundenen Schmerz und erkennst vielleicht erst jetzt, wie du selbst dazu beigetragen hast, einem Menschen, einer Gewohnheit oder etwas anderem Macht über dich zu gewähren.

6. Um alles wieder ins Lot zu bringen, ist es nötig, dass du radikal alle widerstrebenden Gedanken verbannst. Die daran haftenden Gefühle mögen noch einige Zeit Bestand haben, ändern sich dann aber von selbst, wenn du sie innerlich loslässt.

* z. B. eine Gewohnheit, ein Selbstbild, ein Wunschtraum

31. DER ENGEL DER GEFÜHLE

Wenn du mit dem Engel der Gefühle nicht in Verbindung bist, fehlt dir der Kontakt mit einem wichtigen Teil deiner selbst. Entweder lebst du ganz über den Kopf oder du lässt dich vollständig von deinen Gefühlen beherrschen - oder es tritt beides im Wechsel ein. Mal funktionierst du einfach nur und versuchst, schwierige Situationen dadurch in den Griff zu bekommen, dass du deine Gefühle unterdrückst, dann wieder versinkst du in einer Flut von Gefühlen und unerfüllbaren Wünschen. Vielleicht versuchst du auch, stets glücklich zu sein, indem du unangenehme, schmerzhafte und belastende Gefühle einfach unterdrückst. Aber das gelingt nicht, weil du dich damit auch von den freudigen, aufbauenden und beglückenden Gefühlen abschneidest.

Wenn dich der Engel der Gefühle begleitet, entdeckst du die Engelkraft, die im emotionalen Teil deiner Persönlichkeit steckt und bereit ist, dir zu helfen und dich zu leiten, wenn du nur auf sie hörst. Was sagen deine Gefühle zu deiner augenblicklichen Situation, deinem Vorhaben, deinem Problem? Der Engel ermutigt dich, auch jene Gefühle zuzulassen, die du als falsch oder ungerecht empfindest und die du lieber leugnen möchtest, und sie nach ihrer Botschaft zu befragen. Worauf wollen sie dich aufmerksam machen? Entstammen sie der Angst, dem Haften am Alten, Überlebten, dem Festhaltenwollen? Dann lässt du sie am besten behutsam los. Entstammen sie der Liebe, der Hoffnung, der Zuversicht? Dann kannst du beruhigt deinem Herzen folgen.

Wandlungslinien

1. Du bist zu sehr darauf aus, dass sich die Angelegenheit in einer bestimmten Form verwirklicht. Es treibt dich, tätig zu werden, und du glaubst, unbedingt eingreifen zu müssen.

2. Es drängt dich, etwas zu unternehmen, aber es würde dich aus dem Gleichgewicht bringen, wenn du dich davon treiben lässt. Ziehe dich lieber zurück und stärke deine Energie.

3. Du lässt dich zu sehr von unruhigen, oberflächlichen Gedanken, Gefühlen und Impulsen beirren. Möglicherweise gibst du auch einer bestimmten Situation, einer Überzeugung oder einem Menschen zu viel Macht über dein Befinden.

4. Wenn du beharrlich auf deinem Weg vorangehst, bringt dir das Heil/ung, nicht aber, wenn du hin und her schwankst, bei jeder Widrigkeit, die dir begegnet, gleich alles in Frage stellst oder dich von deinen Gefühlen treiben lässt. Bemühe dich um Klarheit und Festigkeit.

5. Es macht dich unruhig, dass die Dinge sich nicht deinen Vorstellungen gemäß entwickeln oder dass du sie nicht mit deinem Willen (allein) lenken kannst.

6. Es treibt dich, zu viel oder das Falsche zu reden oder zu erklären. Oder dein inneres Reden, deine Gedanken lassen dir keine Ruhe. Was in dir wachsen will, braucht Schweigen und innere Stille.

32. DER ENGEL DER STANDHAFTIGKEIT

䷟

Wenn du mit dem Engel der Standhaftigkeit nicht in Verbindung bist, lässt du dich durch die Schwierigkeiten des Weges und sein natürliches Auf und Ab zu sehr beirren und gibst zu leicht auf. Augenblickliche Belastungen scheinen kein Ende zu nehmen. Du lässt dich überwältigen von dem Schwierigen, das du gerade erlebst, resignierst angesichts von bevorstehenden Problemen und Konflikten oder weichst dem Schmerz aus, etwas loslassen zu müssen. Du versuchst dich an die »Flut«, die Höhen des Weges, zu halten, ohne auch die »Ebbe«, seine Tiefen, zuzulassen. Was du aber nicht bereitwillig loslässt, wird dir unter Schmerzen entwunden.

Wenn dich der Engel der Standhaftigkeit begleitet, kannst du dem Auf und Ab jedes Entwicklungsprozesses gelassen begegnen. Du akzeptierst es, wenn du dich gerade in der anstrengenden Zeit des Loslassens, der Unsicherheit, der Ratlosigkeit, der inneren Umorientierung befindest, und schließt dich bewusster an deine inneren Kraftquellen an. So hältst du auch schwierige Wegstrecken durch und lässt dich von Widrigkeiten, die dir begegnen, nicht umwerfen oder vom Weg abbringen. Über das, was du im Augenblick erlebst, blickst du hinaus in eine Zukunft, in der die Frucht dessen heranreifen wird, was du jetzt durchlebst.

Wandlungslinien

1. Du möchtest dich am liebsten vor allem, was schwierig sein könnte, verkriechen. Dadurch wirst du aber so handlungsunfähig, dass du dein Problem nicht lösen und nicht in vernünftiger Weise für eine sinnvolle Absicherung sorgen kannst.

2. Das Gefühl von Vergeblichkeit, Aussichtslosigkeit oder Überforderung, das dich beherrscht, löst sich auf. Du wirst es schaffen, die Probleme zu lösen und dabei im Gleichgewicht und auf dem Weg zu bleiben.

3. Statt auf den einmal eingeschlagenen Weg ausgerichtet zu bleiben, hast du dich wieder irritieren lassen und bist schwankend geworden.

4. Du gehst die Sache falsch an. Aus der Perspektive, aus der du sie betrachtest, kannst du nur unlösbare Probleme sehen. Ändere deinen Blickwinkel und halte Ausschau nach dem Möglichen.

5. Bedingungslose Unterwerfung unter die Wünsche und Erwartungen anderer Menschen oder unter bestimmte Regeln und Vorschriften sowie vollständige Anpassung schaden dir und anderen. Bedenke, was du mit deiner Eigenart der Welt zu geben hast.

6. Es führt zu nichts, wenn du alles - vielleicht bis in die kleinsten Einzelheiten - unter Kontrolle zu halten und in die gewünschte Richtung zu zwingen versuchst.

33. DER ENGEL DES LOSLASSENS

Wenn du mit dem Engel des Loslassens nicht in Verbindung bist, gewinnt das, was du erreichen oder festhalten willst, übermäßige Bedeutung für dich. Du verstrickst dich so sehr in die Angelegenheit, dass sie dir alle Kraft raubt. Um jeden Preis willst du das Angestrebte erlangen, auch wenn es dich deine innere Sicherheit, dein Vertrauen, dein Gleichgewicht kostet. Du spürst vielleicht, dass es besser wäre, innerlich loszulassen, kannst dich aber nicht dazu entschließen. Zumindest möchtest du zuvor noch etwas erkämpfen.

Wenn dich der Engel des Loslassens begleitet, findest du Mut und Kraft, die Verstrickung wahrzunehmen, in die du geraten bist, und ihr entschieden ein Ende zu setzen. Ganz gleich, wie wichtig das ist, was du erreichen oder festhalten möchtest, du lässt es innerlich los, starrst nicht länger wie hypnotisiert darauf, gibst nach, ziehst dich zurück von dem, was dir nicht gut tut, und gewinnst so die Energie zurück, die du an die Angelegenheit verloren hast. Stattdessen legst du die ganze Sache in die Hände deiner Höheren Macht. Du lässt auch die Neigung los, dich selbst unter Druck zu setzen oder dem hilfreichen Wirken der Engelkraft Widerstand entgegenzubringen. Stattdessen nährst du das, was du dir wirklich und aus deiner Mitte heraus wünschst und was dir gut tut, mit positiven, liebevollen Gedanken. Dann zeigt sich dir, wie du dein Ziel besser erreichen kannst. Mit allem, was du tust, um es dir gut gehen zu lassen, entziehst du dem, was dich bedrängt, Nahrung.

Wandlungslinien

1. Du fühlst dich, als stündest du völlig im Abseits und müsstest tatenlos zusehen, wie dir alle Felle wegschwimmen. Aber dich zurückzuziehen von zu viel Kampf und Bemühen ist nicht gleichbedeutend damit, alles aufzugeben, was du dir wünschst.

2. Es ist gut, die Sache mit starker Willenskraft anzugehen.

3. Statt dich weiter unter Druck zu setzen, solltest du dir besser Gutes tun und auf deine Bedürfnisse und dein Befinden achten.

4. Folge der Stimme in dir, die dir rät, dich zurückzuziehen von zu angestrengtem Kämpfen und Bemühen, auch wenn eine andere Stimme in dir das als Schwäche, Fehler oder Niederlage bezeichnet oder dir einreden will, du würdest dich damit Gefahren aussetzen.

5. Bevor du das zu angestrengte Kämpfen und Bemühen aufgibst, prüfe und ändere gegebenenfalls deine Zielvorstellungen oder deine Auffassung von der Situation. So kann dir daraus Heil/ung zufließen.

6. Wenn du jetzt der Stimme in dir folgst, die dir rät, dich von zu angestrengtem Kämpfen und Bemühen zurückzuziehen, bringt dir das Heil/ung. Du löst dich damit aus der Umklammerung negativer Gedanken und Gefühle und kannst wieder unbeschwert deines Weges gehen.

34. DER ENGEL DER INNEREN STÄRKE

䷡

Wenn du mit dem Engel der inneren Stärke nicht in Verbindung bist, suchst du nach Wegen, die Situation zu kontrollieren und zu manipulieren. Vielleicht glaubst du, dein Glück hänge vom Verhalten und den Entscheidungen anderer Menschen ab, und versuchst, sie dazu zu bringen, dir zu geben, was du brauchst, oder dir zu bestätigen, dass du das Recht hast, so zu sein, wie du bist, und einen eigenen Weg zu gehen. Damit gibst du Menschen und Umständen unnötig viel Macht über dich. Konflikten versuchst du auszuweichen, indem du dich versteckst und übermäßig anpasst. Oder du konzentrierst dich einzig und allein auf die Hindernisse und Schwierigkeiten, darauf, wie überwältigend groß sie sind oder welches Leid sie dir verursachen.

Wenn dich der Engel der inneren Stärke begleitet, befähigt er dich, die Fäden deines Lebens selbst in die Hand zu nehmen, deinen Wünschen, Überzeugungen und Zielen gemäß – und auch mit deinen persönlichen Schwächen und Fehlern – zu leben. Er ist größer als deine Probleme und gibt dir die Kraft, Konflikten standzuhalten. Über alle Hindernisse und Schwierigkeiten hinaus blickst du auf dein Ziel in der Gewissheit, es sicher zu erreichen. Innere Unruhe hat keine Macht, dich zu beherrschen und hin und her zu treiben. Du fühlst dich auch nicht gezwungen, durch demütige Unterwerfung, bedingungslose Anpassung oder kriecherisches Verhalten Erfolg herbeizuführen oder dich zu schützen. Du lässt dich nicht hetzen, sondern nimmst dir die Zeit, die du brauchst, um dein Handeln zu planen oder eine Entscheidung reifen zu lassen. Auch wenn die Umstände des Augenblicks nicht darauf hindeuten, dass sie zum Guten führen, oder du nicht durchschaust, wie sie zu deinem Weg gehören, kannst du darauf vertrauen, dass der Engel der inneren Stärke dich sicher leitet.

Wandlungslinien

1. Was du jetzt für Kraft und Zuversicht hältst, ist nicht verlässlich, wurzelt nicht in deiner Mitte. Widerstehe der Ungeduld, übe dich in Geduld und Zuversicht.

2. Wenn du dich jetzt schwach und klein fühlst und dich etwas zu überwältigen droht, denke an das Wasser, das durch seinen beharrlichen Lauf die Macht hat, sogar Steine auszuhöhlen.

3. Jetzt blindlings zu handeln oder Entscheidungen zu treffen oder mit dem Kopf durch die Wand zu wollen würde dich nur in Schwierigkeiten bringen. Vielleicht hast du dich auch in die Vorstellung verrannt, vor Problemen zu stehen, die dich überwältigen werden, wenn du sie nicht ständig unter Kontrolle hältst.

4. Gelassen auf den Weg ausgerichtet zu bleiben führt dazu, dass die Blockierung sich auflöst und du befreit aufatmen kannst. Erst dann ist es sinnvoll, kraftvoll und entschieden vorwärts zu gehen.

5. Wirf nicht gleich der Schwierigkeiten wegen die Flinte ins Korn. Du kannst auch nicht durch eine schnelle Entscheidung etwas ändern, was eine längere Entwicklung braucht. Warte lieber ab, wie die Dinge sich wirklich entwickeln.

6. Im angestrengten Bemühen, das Ersehnte unbedingt zu erlangen, hast du dich völlig verrannt. Wenn du aus dieser Erfahrung lernst, wird es dir viel Gutes für die Zukunft bringen.

35. DER ENGEL DES FORTSCHRITTS

Wenn du mit dem Engel des Fortschritts nicht in Verbindung bist, wünschst du dir vielleicht ein Vorankommen in einer inneren oder äußeren Angelegenheit, aber du fürchtest dich zugleich davor und blockierst es durch deine Zweifel. Vielleicht versuchst du auch, den Fortschritt zu erzwingen, und verhinderst ihn gerade dadurch. Deine innere Klarheit ist getrübt durch etwas Unklares, Dumpfes, Belastendes. Dein inneres Licht kann nicht nach außen strahlen, und dem Guten, das von außen zu dir kommen will, verschließt du dich. Jeder Schritt voran ist eine große Mühsal.

Wenn dich der Engel des Fortschritts begleitet, kannst du dich dem Fortschritt öffnen. Du bist voll Klarheit und Vertrauen. Licht und Liebe steigen aus deiner Mitte auf und erfüllen Körper, Seele und Geist mit Frieden, Stärke und Freude. Die klare strahlende Schönheit in dir, die Teilhabe an der Fülle des Seins, trägt dir auch im äußeren Leben Freude, Klarheit, Schönheit und Fülle zu. Dieses Licht breitet sich immer weiter aus und der Fortschritt ist leicht und mühelos.

Wandlungslinien

1. Wenn deine Angelegenheiten stagnieren oder du sogar zu scheitern oder in Schwierigkeiten zu geraten fürchtest, ist es besonders wichtig, beharrlich eine positive, bejahende Lebenseinstellung beizubehalten.

2. Dein mühsames Ringen bringt dich nur wenig voran. Es ist jetzt wichtig, dass du trotz allem dem einmal als richtig erkannten Weg folgst.

3. Wenn du dich mit all deinen Gedanken, Gefühlen und Handlungen auf deine wesentlichen Ziele ausrichtest, statt dich an einzelnen Problemen festzubeißen, löst sich die Frustration und Freude, Vertrauen und Zuversicht stellen sich wieder ein.

4. Du willst vorankommen und zu greifbaren Ergebnissen gelangen, indem du vor Schwierigkeiten einfach wegläufst, sie überspringst oder über sie hinweghuschst. Erfolge verleiten dich vielleicht zu einem übersteigerten Selbstgefühl. Wenn du auf diese Weise weitermachst, führt das zu ernsthaften Problemen.

5. Erschöpfe dich nicht damit, jeden Misserfolg ausschalten zu wollen. Behalte dein Ziel im Auge und bewahre Geduld.

6. Es gibt eine Neigung in dir, stur vorwärts zu preschen und etwas erzwingen zu wollen, statt aus deiner Mitte heraus zu handeln. Wenn du so weitermachst, wirst du zum Opfer deiner eigenen Kampfhaltung. Halte lieber ein und überdenke deine Zielvorstellungen neu.

36. DER ENGEL DER DÜRRE

Wenn du mit dem Engel der Dürre nicht in Verbindung bist, überwältigt dich deine innere Dürre. Dunkle Gedanken und Gefühle überrollen dich. Du fühlst dich innerlich wund. Ängste und dunkle Erwartungen, von denen du glaubtest, sie wären überwunden, machen sich wieder geltend und verzerren deine klare Wahrnehmung. Der Weg scheint blockiert von Niederlagen, Schmerz und Missgeschick. Möglicherweise verbirgst du deine düstere Stimmung hinter Euphorie oder du fühlst dich einfach nur angespannt und nervös.

Wenn dich der Engel der Dürre begleitet, haben die dunklen Wolken, die durch deine Seele ziehen, nicht die Macht, dich vollständig in ihren Bann zu schlagen. Du bist dir bewusst, dass dein eigentliches Problem nicht das ist, was dir in deinem augenblicklichen Zustand so erscheint, sondern die derzeitige Dürre in deinem Herzen. Was auch immer geschieht, der Engel hilft dir, dein inneres Licht von Hoffnung, Frieden und Vertrauen zu bewahren. Du tust, was nötig ist und was du zu besseren Zeiten als richtig erkannt hast. Wenn du es jetzt nicht mit Freude und Begeisterung tun kannst, dann machst du es so, wie es dir im Augenblick eben möglich ist.

Wandlungslinien

1. Du neigst dazu, dich für etwas, das du für nötig und richtig hältst, so stark einzusetzen, dass du deine Kraftreserven verbrauchst. Darüber vernachlässigst du deine eigenen Bedürfnisse.

2. Obwohl du dich seelisch wund, überfordert, erschöpft oder krank fühlst, bringst du die Stärke auf, das Notwendige zu tun.

3. Es ist zwar gut, dass du dich durch eine Verletzung oder Beeinträchtigung nicht davon abhalten lässt, deinen Weg fortzusetzen, doch solltest du die Beharrlichkeit nicht so weit treiben, dass eine bestimmte Angelegenheit deine ganze Zeit oder alle deine Kraft fordert und du an nichts anderes mehr denken kannst.

4. Du hast eine schwere Ent-Täuschung erlebt und/oder deine Stimmung ist so verdunkelt, dass du um dich herum nur Probleme, Schwierigkeiten und die dunkle Seite von Personen und Situationen wahrnehmen kannst.

5. Du hast eine Verletzung oder Beeinträchtigung erlitten oder es hat sich etwas zu deinen Ungunsten entwickelt. Wenn du allen widrigen Umständen zum Trotz dein inneres Licht bewahrst, werden dir daraus Kraft und Weisheit erwachsen.

6. Es ist sehr schmerzhaft, aus der Begeisterung in die Ernüchterung oder aus lichter Klarheit in altes Dunkel zurückzufallen.

37. DER ENGEL DER GEBORGENHEIT

Wenn du mit dem Engel der Geborgenheit nicht in Verbindung bist, gehst du mit dir selbst nicht gut um. Statt auf deine Wünsche und Bedürfnisse zu achten, verlangst du dir ständig etwas ab. Statt der Führung deiner Höheren Macht zu vertrauen, hältst du dich an deine Zweifel und Einwände. Du machst dein Wohlbefinden zu sehr von äußeren Umständen abhängig. Möglicherweise neigst du dazu, Menschen oder Situationen illusionär zu verklären, und wirst am Ende enttäuscht.

Wenn dich der Engel der Geborgenheit begleitet, gewinnst du in dir selbst ein liebevolles, sicheres Zuhause, in dem du dich umsorgst und pflegst. Du schützt es nach außen, indem du deine Angelegenheiten klar vertrittst und verteidigst. Du stärkst es durch eine positive Lebenseinstellung und dein Vertrauen in den Weg, den deine Höhere Macht mit dir geht. Alle Geborgenheit, die du dir wünschst, lässt du zunächst in dir wachsen. Du gibst deinem inneren Kind die Zuwendung, die es braucht.

Wandlungslinien

1. Du hast genug innere Festigkeit und Sicherheit, um dem Ansturm von Problemen und Frustrationen standzuhalten.

2. Dies ist keine günstige Zeit für deine Unternehmungen. Wende dich besser dir selbst zu, lass dir Pflege angedeihen und übe dich in beharrlicher Geduld. Das bringt am Ende Heil/ung.

3. Lass deine Gefühle zu, auch die widerstreitenden Stimmen in dir, deinen Zwiespalt. Lege offen, was nicht stimmt, und vertrete das, wenn nötig, auch nach außen.

4. Wenn du deine Situation bereitwillig annimmst, wie sie gerade ist, bist du voll innerer Klarheit und Ordnung und kannst dich der Fülle öffnen, die dir geschenkt wird.

5. Sorge dich nicht. Die Lösung, die Wiederkehr der inneren Ordnung oder was du sonst erwartest, ist schon auf dem Weg zu dir.

6. Der Kern des Problems liegt in dir selbst, in deinen Vorstellungen und Ängsten. Wenn du die Konsequenzen daraus ziehst und dich um innere Festigkeit bemühst, führt das Heil/ung herbei.

38. DER ENGEL DES AUSHALTENS

Wenn du mit dem Engel des Aushaltens nicht in Verbindung bist, kannst du Widerstreit in dir, das Hinundhergerissen-Werden zwischen entgegengesetzten Zielen, Wünschen und Überzeugungen, nur schwer ertragen. Krampfhaft versuchst du, die Spannung zu lösen, indem du dich zur einen oder anderen Seite hin entscheidest oder eine Patentlösung suchst. Aber nie ist die Lösung befriedigend, es ist, als würdest du gegen Wände laufen. Vielleicht versuchst du auch, aus einem Bedürfnis nach Harmonie, Ruhe und Ordnung die vorhandenen Gegensätze zu nivellieren, oder du leugnest einfach den inneren Widerstreit und fühlst stattdessen nur Erschöpfung, Ermüdung und Gereiztheit.

Wenn dich der Engel des Aushaltens begleitet, erkennst du, dass aus der Spannung der Gegensätze Entwicklung, Wachstum und Leben entstehen. Deshalb kannst du akzeptieren, dass Widersprüche und unlösbare Gegensätze zum Leben dazugehören. Du versuchst nicht, sie dadurch in den Griff zu bekommen, dass du eine Entscheidung erzwingst. Die Engelkraft hilft dir, den inneren Widerspruch, den Schmerz oder die Unentschiedenheit auszuhalten. Du gibst dein Entweder-oder-Denken auf und bringst die beiden Seiten im Sowohl-als-auch zum Zusammenklingen. Du akzeptierst die Situation in all ihren Aspekten, auch den dunklen, beengenden. Du akzeptierst auch deine Gefühle dazu, sodass sich die verhärteten inneren Fronten lösen können und die Angelegenheit wieder im Strom des Lebens fließen kann. Du öffnest dich der Freude an der Vielfalt der Erscheinungen und Möglichkeiten des Lebens. Daraus fließt dir neue Kraft zu.

Wandlungslinien

1. Was auch immer ins Ungleichgewicht geraten ist, du brauchst nicht all deine Energie und Aufmerksamkeit darauf zu verwenden, es wieder in Ordnung zu bringen. Dein innerer Friede oder der Weg zur Lösung werden sich von selbst zeigen.

2. Es ist nicht deine Schuld, dass du in dieser Schwierigkeit steckst. Sie gehört zu deinem Weg.

3. Du fühlst dich schlecht behandelt. Doch so unerfreulich die Sache auch ist, die missliche Lage wird auch wieder ein Ende nehmen.

4. Du fühlst dich von allem abgeschnitten, einsam, verloren, unsicher. Oder dein inneres Gleichgewicht ist durch andere unangenehme Empfindungen gestört. Es ist nicht deine Schuld, dass du in diesen Zustand geraten bist, er ist Teil deines Wachstumsprozesses, deines Weges zum Besseren.

5. Der Zustand des Zweifels, des Unbehagens, der Frustration nimmt ab. Allmählich gewinnt Zuversicht die Oberhand.

6. In einem Zustand der Erschöpfung oder Ohnmacht siehst du drohendes Unheil und bist unschlüssig, ob du es bekämpfen oder dich ihm fügen sollst. Da das Problem in deinem eigenen Inneren liegt, führt nicht dein Kämpfen, sondern die Hilfe des Engels zur Heil/ung.

39. DER ENGEL DES BEWAHRENS

Wenn du mit dem Engel des Bewahrens nicht in Verbindung bist, fehlt es dir an Schutz und alles, was von außen auf dich eindringt, kann dir ungehindert Ruhe, Kraft und Zuversicht rauben. Schließlich bringt dich das in einen alarmierten Zustand. Du siehst überall Gefahren. Jede Schwierigkeit, die sich dir in den Weg stellt, erscheint unheilverkündend. Du kämpfst schon aufgeregt, wenn die Gefahr noch gar nicht eingetreten ist. Du versuchst, alle Unannehmlichkeiten, die dir begegnen könnten, im Voraus auszuschalten, und hast eine übertriebene Angst vor Fehlschlägen.

Wenn dich der Engel des Bewahrens begleitet, kannst du möglichen Gefahren und Schwierigkeiten gelassen entgegensehen. Du machst dich innerlich bereit, der Herausforderung zu begegnen, und überlegst dir, wie du damit umgehen willst. Du verausgabst dich aber nicht damit, dass du schon im Vorfeld dagegen ankämpfst, sondern sammelst deine Kräfte und deine Aufmerksamkeit. Der Engel des Bewahrens schenkt dir einen klaren, nüchternen Blick, sodass du nicht gegen eingebildete Gefahren kämpfst und dich gegen echte Gefahren angemessen schützt. Du handelst und entscheidest möglichst erst dann, wenn du die Engelkraft in dir spürst.

Wandlungslinien

1. Wenn du dich zu sehr auf Äußerliches konzentrierst oder ein zu hohes Tempo einschlägst, verlierst du deine Mitte. Kehre besser zu dem zurück, was dir gewöhnlich Halt gibt, und warte vorerst ab.

2. Wenn sich gerade die Schwierigkeiten und Unsicherheiten häufen, so ist das nicht deine Schuld, sondern es gehört zu deiner augenblicklichen Wegstrecke.

3. Statt einfach weiterzumachen, halte lieber ein und überlege, was nicht in Ordnung ist. Es ist nötig, etwas Entscheidendes zu ändern.

4. Überspanne den Bogen nicht, halte ein. Lass los, was nicht in deiner Macht liegt, und stärke dich.

5. Du kannst dich darauf verlassen, dass dir in jeder Situation die Hilfe zukommt, die du brauchst.

6. Überspanne den Bogen nicht, halte ein. Lass die Stille in dir einkehren, die nötig ist, um die Stimme deiner tiefen inneren Weisheit zu hören.

40. DER ENGEL DER ENTSCHEIDUNG

Wenn du mit dem Engel der Entscheidung nicht in Verbindung bist, bringt dich das Ungeklärte in innere oder äußere Bedrängnis. Wenn dieser Zustand längere Zeit anhält, gerätst du in völlige innere Verstrickung. Dunkle Gefühle und Gedanken überwältigen dich. Du siehst alles konflikthaft, problematisch oder sogar bedrohlich. Du verhältst dich, als könntest du mit Grübeln und Dich-Sorgen etwas zum Besseren verändern. Vielleicht ist das, wonach du gerade fragst, gar kein so großes Problem, sondern erscheint dir in deinem momentanen Zustand der Unentschiedenheit nur so?

Wenn dich der Engel der Entscheidung begleitet, erkennst du, dass die Sache ist, wie sie ist, dass du sie nicht dadurch änderst, dass du sie vor dir her schiebst, ihr auszuweichen versuchst oder ständig daran herumgrübelst. Du triffst eine klare Entscheidung: Wenn du äußerlich nichts tun kannst, befreist du dich von der inneren Bedrängnis, indem du deine Machtlosigkeit akzeptierst und nicht versuchst, unter Aufbietung aller Kräfte etwas zu bewerkstelligen, was außerhalb der Reichweite deiner Möglichkeiten liegt. Wenn du durch Ressentiments an die Situation gebunden bist, befreist du dich, indem du Vergebung übst. Du ziehst dich ins Sichere und Vertraute zurück, um neue Kraft zu schöpfen. Wenn dagegen äußeres Handeln Erfolg verspricht, so tust du das, was nötig ist, ohne Zögern und Zaudern so bald wie möglich, um die Sache hinter dich zu bringen.

Wandlungslinien

1. Wie du dich jetzt auch fühlen magst oder wie die Situation sein mag, es ist nicht nötig, dich mit Schuldgefühlen zu quälen.

2. Statt dich mit jeder Angelegenheit, die dich vom Weg abziehen will, einzeln zu befassen, ist es besser, dich jetzt darauf zu konzentrieren, deine innere Stärke, Harmonie und Zuversicht zu festigen. Damit ziehst du auch äußerlich positive Entwicklungen an und kannst Schwierigkeiten leichter bewältigen.

3. Wenn du dich nach allen Seiten hin abzusichern versuchst, gewinnt gerade das, was du kontrollieren willst, Macht über dich.

4. Woran du dich auch immer klammerst, lass es los! Solltest du etwas verlieren, wird es dir durch Besseres ersetzt.

5. Wenn dich etwas bedrängt, wovon du im tiefsten Inneren weißt, dass es nicht gut ist, gib ihm nicht nach. Folge dem Weg, den deine Höhere Macht dir zeigt, dann verliert es seine Macht über dich.

6. Stell dir ein Wesen vor, das dir all die Gedanken, Gefühle, Zweifel und Ängste eingibt, die dich zur Zeit bedrängen. Dann schick es energisch fort. In Wirklichkeit ist alles viel besser, als es dir jetzt erscheint.

41. DER ENGEL DES TRAUERNS

Wenn du mit dem Engel des Trauerns nicht in Verbindung bist, fühlst du dich durch jeden (möglichen) Verlust* bedroht, selbst dann, wenn etwas von dir geht, das dich nur behindert und eingeengt hat. Wenn die Dinge sich nicht so entwickeln, wie du es dir vorstellst, glaubst du, es sei gleich alles verloren, und negative Gefühle und Gedanken überwältigen dich. Oder du bemühst dich angestrengt, Verlust und Misserfolg in Zukunft auszuschalten. Vielleicht klammerst du dich auch an überschwängliche Gefühle, Begierden oder Wünsche, weil sie dir helfen, den inneren Schmerz nicht zu spüren.

Wenn dich der Engel des Trauerns begleitet, kannst du loslassen, was von dir gehen will. Du überwindest den Zustand der Verleugnung, in dem du so tun möchtest, als gäbe es nichts loszulassen, und stellst dich deinen Gefühlen, deinem Zorn und Schmerz, deiner Angst, Ohnmacht und Einsamkeit. Du stehst die Phase durch, in der Altes, Vertrautes von dir geht und Neues, Besseres noch nicht in Sicht ist oder noch wenig verlockend aussieht. Die Engelkraft hilft dir auch dort, wo es nötig und richtig ist, Verzicht zu üben.

* Ich möchte daran erinnern, dass sich der angesprochene Verlust ebenso auf etwas sehr Wichtiges wie auch auf etwas weniger Bedeutungsvolles beziehen kann. Was verloren geht, können auch alte Blockaden sein, etwa eine einengende Überzeugung. Merkwürdigerweise trauern wir auch dem nach, was uns gar nicht gut tat, aber vertraut war.

Wandlungslinien

1. In der Angelegenheit, die dich gerade beschäftigt, solltest du noch einmal genau bedenken, ob du nicht etwas Wichtiges übersehen hast. Hüte dich vor übereilten Entschlüssen.

2. Du solltest jetzt nicht handeln oder wichtige Entscheidungen treffen. Tue dir Gutes und suche dir etwas, um deine Kraft wieder aufzubauen.

3. Du musst in dieser Angelegenheit das tun, was dir richtig erscheint. Du kannst dich nicht nach dem richten, was andere tun (würden) oder (möglicherweise) von dir erwarten, denn du selbst hast auch die Konsequenzen zu tragen.

4. Dass du dich von Unannehmlichkeiten befreist, die dir Schmerz bereiten oder dich belasten, ist schon für sich genommen eine Erleichterung. Damit machst du aber auch den Weg für eine bessere Entwicklung frei.

5. Deine Höhere Macht wird dir auf wunderbare Weise zeigen, wie du dein Problem lösen kannst, wenn du ihr nur vertraust. Du hast weiter nichts zu tun, als die Hemmnisse zu beseitigen, die du gegen das Beschenktwerden aufbaust.

6. Es ist in Ordnung, dass du dir deine Wünsche erfüllen willst. Schuld- und Schamgefühle sind nicht angebracht, wenn du nicht andere Personen ungefragt in deine Zielsetzung mit einbeziehst und dabei niemandem etwas wegnimmst oder Schaden zufügst.

42. DER ENGEL DES SEGENS

Wenn du mit dem Engel des Segens nicht in Verbindung bist, fällt es dir schwer, dich dem Guten zu öffnen, das zu dir kommen will. Stattdessen verhedderst du dich in Reaktionen auf deine Umwelt und eine kritische Haltung dem gegenüber, was dir als falsch erscheint. Du nimmst nur wahr, was schwierig und mühsam ist. Vielleicht glaubst du, alles andere würde bedeuten, dir eine Heile-Welt-Brille aufzusetzen und das Dunkle in der Welt einfach zu leugnen. Vielleicht glaubst du auch, nur dann Erfolg haben zu können, wenn du dich übermäßig anstrengst und ihn regelrecht herbeizwingst, oder dass er dir gar nicht zusteht.

Wenn dich der Engel des Segens begleitet, siehst du zwar auch das Schwierige, Problematische, Dunkle, aber du lässt dich davon nicht überwältigen. Von dem, was dir begegnet, übernimmst du das, was du als lebensfördernd erkennst. Du denkst, suchst, siehst und bestärkst das Aufbauende, Schöpferische, Liebevolle. Du freust dich an Erfolgen, und wenn du einen Misserfolg erlebst, fragst du dich, was dir die Situation zu sagen hat, und lässt sie dann innerlich los. Du nimmst alles an, wozu dein Weg dich führt, verbindest dich mit dem Fruchtbringenden und siehst, was du aus schwierigen Situationen lernen kannst. So wächst dir aus jedem Erlebnis ein Gewinn zu.

Wandlungslinien

1. Wenn du deine Lebenskraft frei fließen lässt, wird dir so schnell nichts zu viel. Du bist bereit zu entschiedenem Handeln und für größere Unternehmungen.

2. Wenn du beharrlich auf deinem Weg bleibst, wirst du Erfolg* haben. Das kann keine Macht der Welt verhindern.

3. In der Vergangenheit hast du versucht, mit ungeeigneten Mitteln* Erfolg herbeizuführen. Du brauchst dich deswegen nicht schuldig zu fühlen, doch du solltest es dir nicht zur Gewohnheit machen, solche Mittel anzuwenden.

4. Wenn du dich jetzt vor die Aufgabe gestellt siehst, etwas zu verändern, was für dich zuvor sehr wichtig war*, bringt dir das in Zukunft viel Gutes.

5. Beruhige deine Gedanken, höre auf zu grübeln und halte an deiner Zuversicht fest. Begegne allem, was kommt, mit Offenheit. Hinterfrage nicht ständig alles.

6. Du bist nicht wirklich entschieden, alles zu tun, was nötig ist, um dein Problem zu lösen oder deinem Weg konsequent zu folgen, sondern versuchst, dir ein Hintertürchen offen zu halten. Das bringt dir äußere und innere Vorwürfe, Angriffe und Schuldgefühle ein.

* Es sei noch einmal daran erinnert, dass die Antworten sich auf eine ganze Bandbreite bedeutsamer wie auch weniger wichtiger innerer und äußerer Umstände beziehen können. Erfolg kann somit einen mehr oder weniger großen äußeren Gewinn bedeuten oder auch das Erlangen eines inneren Ziels. Ungeeignete Mittel, ihn zu erlangen, können z. B. sein: Manipulation, Kontrollverhalten und Illusionen statt wirkliches positives Denken. Und was erst geändert werden muss, können äußere Gegebenheiten sein, aber auch eine Überzeugung, ein Selbstbild oder eine Gewohnheit.

43. DER ENGEL DER UNERSCHROCKENHEIT

Wenn du mit dem Engel der Unerschrockenheit nicht in Verbindung bist, beunruhigt dich alles, was geschieht oder geschehen könnte, zutiefst. Du möchtest dich am liebsten verkriechen oder nach allen Seiten hin absichern. Ängstlich bist du darauf bedacht, alle möglicherweise auftauchenden Schwierigkeiten und Probleme im Voraus auszuschalten. Kleinigkeiten irritieren dich übermäßig. Dunkle Besorgnis erfüllt dich. Um dir die Zustimmung anderer zu sichern, versteckst du ängstlich alles, woran sie Anstoß nehmen könnten.

Wenn dich der Engel der Unerschrockenheit begleitet, gehst du aufrecht und unbeirrbar deinen Weg und wagst Offenheit, was allerdings nicht bedeutet, wahllos jedem von deiner Situation und deinen Absichten zu erzählen. Unerschrocken gehst du allem entgegen, was kommen mag. Du schöpfst deinen Mut und deine Zuversicht aus dem Wissen, dass, wenn Probleme auftauchen, auch Kraft und Hilfe da sein werden, um mit ihnen fertig zu werden. Was auch kommen mag, du sagst Ja zu dir selbst. Durch Missgeschicke lässt du dich nicht beunruhigen. Wenn du ins Dunkel gerätst, hältst du dich an den Silberstreif am Horizont, so schmal der auch sein mag. Du stehst zu dem, was du als Wahrheit erkannt hast, zu den Quellen, aus denen du lebst.

Wandlungslinien

1. Du warst dir deiner Stärke allzu gewiss und glaubtest, nichts könne dich mehr erschüttern oder vom Weg abbringen. Deshalb ist es nun frustrierend zu erleben, dass schon eine (relative) Kleinigkeit dich so tief verwirren kann.

2. Etwas bedrängt dich erheblich, aber wenn du innerlich gestärkt bist, kann dich nichts nachhaltig erschrecken und verwirren. Du kannst furchtlos dem entgegensehen, was auf dich zukommt, denn du fühlst dich geschützt.

3. Du kannst deiner Frustration entkommen, indem du deine Verbissenheit aufgibst und dich einfach leiten lässt im Vertrauen darauf, dass deine Höhere Macht dich durch diese Erfahrung führt, weil es zu deinem Besten ist.

4. Die Zweifel an deinem Weg und der Versuch, dich mit Willenskraft voranzutreiben, bewirken nur, dass du noch tiefer in ein Gefühl der Qual gerätst. Gib lieber das Übermaß an Kontrolle auf, lasse dich leiten und deine Höhere Macht für dich wirken.

5. Die Verbindung zu deinem inneren Weg ist im Augenblick zwar schwach und du kommst nur mühsam voran, aber immerhin hältst du beharrlich daran fest.

6. Du wirst beherrscht von dem Gefühl, dass ein mehr oder weniger großes Unheil hereinbrechen könnte. Es will dich zu unüberlegten Handlungen und Entscheidungen hinreißen. Es ist jetzt wichtig, deine negativen Gedanken in positive Erwartungen umzuwandeln.

44. DER ENGEL DES UMHÜLLENS

䷫

Wenn du mit dem Engel des Umhüllens nicht in Verbindung bist, fehlt dir die schützende Hülle. Alles, was dir begegnet, berührt dich stark und kann bis in dein Innerstes vordringen. Starke Gefühle treiben dich hin und her. Du verschmilzt zu sehr mit anderen und kannst deine und ihre Gefühle, Absichten, Anliegen und Bedürfnisse nicht mehr genau unterscheiden. Du machst dich vielleicht von ihrer Anerkennung abhängig. Auch deinem inneren Selbstkritiker, der alles in Frage stellt, was du tust, bist du schutzlos ausgeliefert. Du bist in Gefahr, oberflächlichen Gefühlen zu folgen und blindlings in etwas hineinzutappen, das dich dann über längere Zeit bindet.

Wenn dich der Engel des Umhüllens begleitet, fühlst du dich geschützt. Du stärkst die Hülle, die er dir schenkt, indem du alles aufsuchst, was dir hilft, in deine Mitte zu kommen, dich zu entspannen und aufgewühlte Gefühle zu beruhigen. Du kannst dir diese Hülle auch bildlich vorstellen als einen Lichtkreis, der dich schützt. Wenn du mit anderen Menschen zusammen bist, achtest du darauf, bei dir zu bleiben. Wichtige Entscheidungen triffst du nur, wenn du dich sicher in deiner Mitte fühlst. Auch auf neue Unternehmungen, die dich über längere Zeit binden, legst du dich nur dann fest, wenn du über deine innere Stärke verfügst. Du lässt deine Lebenskraft frei fließen und öffnest dich dem Heilenden, Schützenden, Stärkenden, das deine Höhere Macht dir schenkt.

Wandlungslinien

1. Du weißt, dass es nicht gut ist, das zu tun, wozu es dich drängt, und du hältst dich zurück. So geringfügig die Angelegenheit auch erscheint, es kann dir Schaden daraus erwachsen, wenn du dich einfach treiben lässt, statt beharrlich auf deinem Weg zu bleiben.

2. Du bist in Gefahr, überreizt zu reagieren. Das ist darauf zurückzuführen, dass dir die nötige innere Sicherheit fehlt, aus der du selbst schöpfen und an der du andere teilhaben lassen könntest.

3. Obwohl du verletzt oder beeinträchtigt bist, schaffst du es, noch irgendwie zurecht- oder voranzukommen.

4. Es fehlt dir zur Zeit das Umhülltsein durch die Engelkraft. Dadurch fühlst du dich von anderen oder vom Leben überhaupt abgetrennt und unsicher. Du kannst diesen Zustand verändern, indem du dich in Dankbarkeit übst.

5. Dich bedeckt zu halten und dich von der Engelkraft umhüllen zu lassen, ist jetzt das Beste. Du schützt dich so vor fremden Einflüssen und findest Nahrung für deine Seele.

6. Du reibst dich an den Dingen und überall taucht etwas auf – manchmal ganz Unwesentliches –, das problematisch erscheint. Die frustrierende Situation ist eine Folge von Erschöpfung.

45. DER ENGEL DER SAMMLUNG

Wenn du mit dem Engel der Sammlung nicht in Verbindung bist, fällt es dir schwer, dich zu sammeln und neue Spannkraft zu gewinnen. Du reibst dich auf in Gedanken an das, was geschehen ist oder geschehen könnte, fragst dich, ob du dein Vorhaben nicht besser aufgeben solltest, versuchst Schwierigkeiten auszuschalten oder vergeudest deine Energie mit Angst und Abwehr gegen das, was dein Leben dir bringen mag. Alles wächst dir über den Kopf und droht dich zu überwältigen.

Wenn dich der Engel der Sammlung begleitet, unterstützt er dich, deinen Bogen neu zu spannen, und alle deine Kräfte sammeln sich in einem Punkt. Du kannst sie gebündelt einsetzen, um zu tun, was nötig ist. Um sie gezielt einzusetzen, ist es vielleicht nötig, deine Wünsche und Ziele neu zu klären. Du festigst deine Verbindung zu deiner Höheren Macht. Du pflegst die Freude und übst dich in Dankbarkeit. Du lässt die Sonne der Heiterkeit auf deine Probleme scheinen. So gewinnst du Kraft und Mut, dich allen Situationen zu stellen, zu denen dein Weg dich führt. Du teilst deine Freude mit anderen Menschen, und aus der Einsicht in die tieferen Zusammenhänge deines Lebens begegnest du ihnen mit Verständnis.

Wandlungslinien

1. Du fühlst dich ängstlich und unsicher. Du schwankst hin und her zwischen Zuversicht und Zweifel und weißt nicht, welcher Stimme in dir du folgen sollst. Wenn du dich beruhigst, verlieren sich deine Ängste und es tritt Klarheit ein.

2. Auch wenn die Sache, auf die du dich eingelassen hast, Schwierigkeiten mit sich bringt, ist das weder deine Schuld noch ein Nachteil. Wenn du zuversichtlich weitermachst, bringt es dir am Ende Heil/ung.

3. In diesem trüben Zustand erscheint kein Ziel lohnend und du fühlst dich keiner Anforderung gewachsen. Nichts von dem, was du jetzt unternimmst oder unternehmen könntest, befriedigt dich.

4. Kraft und Klarheit sind eine gute Voraussetzung für den Erfolg. Alles steht gut für dich.

5. Du spannst sehr stark deinen Willen an, um etwas zu erreichen. Mache besser nur das Notwendige, lasse innerlich los und entwickle Gelassenheit.

6. Du fühlst dich unglücklich, aber du hast diesen Zustand nicht selbst verschuldet. Er gehört zu dem inneren Prozess, der bei dir abläuft und schließlich Heil/ung herbeiführt.

46. DER ENGEL DES WACHSENS

䷭

Wenn du mit dem Engel des Wachsens nicht in Verbindung bist, sperrst du dich dagegen, über das Vertraute hinaus weiterzugehen. Die Furcht vor dem Neuen, Ungewissen, Unbekannten überschwemmt dich und du versuchst, in Überlebtem Halt zu finden, vielleicht in einer Vorstellung von dir selbst, die nicht mehr der Realität entspricht. Auszuweichen erscheint so verlockend, dass du kaum noch einen Grund siehst, dich der Situation zu stellen. Vielleicht glaubst du auch, es stehe dir nicht zu, zu wachsen und dich weiterzuentwickeln, oder du willst nicht wahrhaben, dass du in Wirklichkeit schon weitergekommen bist. Möglicherweise versuchst du auch Mut zu schöpfen aus der Illusion, auf der neuen Stufe der Entwicklung liege das Paradies, eine Welt ohne Schwierigkeiten.

Wenn dich der Engel des Wachsens begleitet, kannst du anerkennen, dass du weitergekommen bist oder gerade im Prozess des Wachsens stehst. Noch spürst du die Gefühle der Unsicherheit, der Angst und des Zweifels, die das Neue auslöst. Aber du überwindest dein Zaudern in der Gewissheit, dass das Weitergehen Heil/ung bringt. Du trittst mit deinem neuen Selbstverständnis, deinen eigenen Wünschen, Bedürfnissen, Plänen und Projekten nach außen und übernimmst die Verantwortung für ihre Verwirklichung. Wenn du verwirrt bist, versicherst du dir, dass du auf dem rechten Weg bist. Du bist bereit, weiterhin Schritt für Schritt voranzugehen und auch schwierigen Situationen nicht auszuweichen. Aus all den kleinen Aufgaben, die du bewältigst, erwächst allmählich Größeres – in dir und für dich. Auch wenn im Augenblick noch nichts davon zu sehen ist, wirst du im Nachhinein erkennen, dass hier der Ausgangspunkt für weitreichende positive Veränderungen lag.

Wandlungslinien

1. Es bringt dich mit Sicherheit voran, wenn du dich dieser Situation stellst.

2. Gib deine Gewohnheit auf, nur äußerlich Sichtbares und Greifbares als real wirksam anzuerkennen oder dich nur auf das eigene angestrengte Bemühen zu verlassen. Übergib die Angelegenheit deiner Höheren Macht, die sie zu einem glücklichen Ende führen wird.

3. Dass du vor eine so schwierige (innere oder äußere) Aufgabe gestellt wirst, zeigt an, dass du auf deinem Weg Fortschritte gemacht hast und jetzt in der Lage bist, auf den bereits entwickelten Fähigkeiten aufzubauen, um mit etwas so Schwierigem fertig zu werden.

4. Wichtiger als alles andere ist es, mit deiner Höheren Macht in Einklang zu bleiben und loszulassen, was dem im Wege steht. Vielleicht ist es einfach nötig, zu akzeptieren, dass die augenblickliche Situation so ist, wie sie ist.

5. Es ist zwar richtig, beharrlich auf deinen Weg ausgerichtet zu bleiben, aber du kannst dabei keine Stufen überspringen. Du kommst nur voran, indem du dich jeweils mit dem auseinandersetzt, was dir gerade begegnet, auch mit deinen eigenen Gefühlen.

6. Du bist motiviert von dem Drang, voranzukommen, etwas zu erledigen, endgültig zu klären oder abzuschließen. Das führt zu nichts Gutem. Die Situation, nach der du fragst, erfordert Geduld und Zuversicht. Du musst reifen lassen, was sich da entwickelt.

47. DER ENGEL DER ERQUICKUNG

Wenn du mit dem Engel der Erquickung nicht in Verbindung bist, fühlst du dich bedrängt und erschöpft. Du hast dich verausgabt, indem du nur immer nach außen geschaut und nicht auf deine Grenzen geachtet hast. Vielleicht lässt du auch etwas mit dir geschehen, was nicht in Ordnung ist, und wendest deine ganze Kraft auf, es zu verdrängen, statt dich dem Problem zu stellen. Jetzt erscheint dir die Situation von unüberwindlichen Schwierigkeiten beherrscht. Müdigkeit und Kraftlosigkeit geben dir das Gefühl, dem Leben nicht gewachsen zu sein. Was andere dir über das Geführt- und Bewahrtwerden zu sagen haben, erreicht dich nicht. Nicht einmal deine eigenen Gedanken überzeugen dich, deshalb gerätst du in endloses Grübeln. Was dir sonst eine Fülle ist, aus der du schöpfen kannst, erscheint dir jetzt als überwältigende Last.

Wenn dich der Engel der Erquickung begleitet, führt er dich dahin, wo du auftanken, dich stärken, dich entspannen und erfrischen kannst. Allmählich findest du deine Stärke und Gelassenheit wieder. Du spürst, wie Herz und Sinne sich wieder öffnen. Du findest neue, schöpferische Wege, mit dem umzugehen, was dich bedrängt, etwa indem du es in Teilprobleme zerlegst oder indem du eine neue Einstellung dazu gewinnst. Indem du damit aufhörst, dich selbst unter Druck zu setzen, erlebst du auch weniger Bedrängnis von außen.

Wandlungslinien

1. Du fühlst dich in etwas Aussichtsloses verstrickt, aber es ist allein deine Erschöpfung, die dich alles so trübe sehen lässt.

2. Deine Neigung, Schmerzen, Belastungen oder Konflikten einfach auszuweichen, bringt dich in Schwierigkeiten. Du musst dich der Situation stellen, wie sie ist, und sie als Gelegenheit nehmen, um daran zu wachsen.

3. Du fühlst dich einsam und verloren, vielleicht im Stich gelassen von anderen oder konfrontiert mit Aufgaben, an denen du zu scheitern fürchtest.

4. Du fühlst dich beschämt, weil du das, was du jetzt angehst, schon früher hättest tun sollen. Möglicherweise bietet sich dir aber auch eine verlockende und bereichernde Möglichkeit, die zugleich die Gefahr birgt, aus dem Gleichgewicht zu geraten, und du solltest sorgsam darauf achten, dass du deinen Weg nicht verlierst.

5. Du fühlst dich ohnmächtig und verletzt oder ungerecht behandelt. Jetzt ist es wichtig, innerlich das loszulassen, woran du festhältst, und der Stimme in dir zu folgen, die dir sagt, was gut für dich ist.

6. Du hast dich in wirre und verwirrende Gefühle und Gedanken verstrickt. Wenn du dir das eingestehst, dir selbst vergibst und dich entschieden wieder deinem Weg zuwendest, beseitigst du damit die Blockade, die das Sprudeln deiner inneren Quelle beeinträchtigt.

48. DER ENGEL DER INNEREN QUELLE

Wenn du mit dem Engel der inneren Quelle nicht in Verbindung bist, fühlst du dich welk, müde, kraftlos, wie eine Pflanze, deren Wurzeln nicht ins Wasser reichen. Je angestrengter du versuchst, aus dem inneren Brunnen zu schöpfen, desto dünner wird der Strahl, bis er schließlich ganz versickert. Schließlich glaubst du vielleicht, der Brunnen sei leer, und fühlst dich erschöpft. Möglicherweise weichst du auch davor aus, dem zu begegnen, was in der Tiefe des Brunnens ist, deinen inneren »Dämonen«. Oder du hast schon so lange deine Leere mit allerhand Illusionen und Äußerlichkeiten gefüllt, dass dir der Kontakt zur inneren Quelle ganz verloren gegangen ist. Vielleicht sind auch die Brunnenrohre verstopft durch allerhand Unrat: Ängste, Befürchtungen, negative Phantasien oder Alltagsroutine.

Wenn dich der Engel der inneren Quelle begleitet, spürst du, dass du selbst der Brunnen bist, angeschlossen an den unerschöpflichen Quell lebendigen Wassers. Alles, was du zu tun hast, ist, den reinen, klaren, erfrischenden Quell sprudeln zu lassen, indem du deine zu großen und ungeeigneten Anstrengungen aufgibst. Wenn es nötig ist, dich mit dem Dunklen in dir selbst zu konfrontieren, tust du auch das in dem Wissen, dass danach der Energiestrom wieder frei fließen kann und du dich innerlich lebendig fühlst, in tiefer Übereinstimmung mit dir selbst, aus der heraus du kraftvoll und sicher handeln, dich voll einlassen und das Leben wagen kannst. Neue Kraft schöpfen kannst du auch, indem du dich schöpferisch betätigst. Wenn du die Verbindung zur inneren Quelle nicht finden kannst, lässt du einfach den Wunsch danach stark werden und vertraust darauf, dass der Engel dir den Weg zeigt.

Wandlungslinien

1. Du hast die Verbindung zur Quelle verloren. In deinem inneren Brunnen steht das Wasser und erneuert sich nicht, wird faul und modrig. Es fehlt dir an frischer, klarer Energie. Dadurch erscheint dir auch die Situation düsterer, als sie ist.

2. Wenn du nicht die Gewohnheit pflegst, dich an deiner inneren Quelle zu stärken, verlierst du die Verbindung zu ihr und Erschöpfung ist die Folge.

3. Was gerade geschieht, dient der Reinigung deines inneren Brunnens, damit die Lebensenergie wieder frisch und klar fließen kann. Vielleicht fehlt es dir auch an Möglichkeiten, deine Lebenskraft einzusetzen, ihr Ausdruck zu geben, sie abzugeben, sodass sie nicht neu nachfließen kann.

4. Dein innerer Brunnen wird erneuert. Das bringt im Augenblick Stockungen in der inneren und äußeren Entwicklung oder in deinem Energiefluss mit sich. Danach wirst du innerlich neu gefestigt sein.

5. Lass zu, dass deine Lebensenergie frisch und klar fließt. Öffne dich dem Gefühl, dass alles vollkommen in Ordnung ist.

6. Nachdem dein innerer Brunnen von altem Unrat gereinigt ist, bist du voller Vertrauen und Gelassenheit und kannst ungehindert daraus schöpfen.

49. DER ENGEL DER VERÄNDERUNG

Wenn du mit dem Engel der Veränderung nicht in Verbindung bist, glaubst du, alles müsse stets so weitergehen, wie du es gewohnt bist. Du sperrst dich gegen Erneuerungen, denen du aber doch nicht ausweichen kannst. Da du Konflikte und Probleme nicht als notwendigen Teil des Erneuerungsprozesses wahrnehmen kannst, machen sie dich unsicher und ratlos und du fürchtest, im Chaos zu versinken. Du kannst nicht daran glauben, dass das, was du erlebst, zu deinem Weg gehört und zum Besseren führt, weil davon noch gar nichts in Sicht ist.

Wenn dich der Engel der Veränderung begleitet, können dich die Begleiterscheinungen des Veränderungsprozesses nicht nachhaltig erschrecken. Du lässt es zu, dass der Impuls der Veränderung das System ausbalancierter Kräfte, in dem du dich sicher fühltest, durcheinander bringt. Auch wenn es so aussehen mag, als würde nun alles in völliges Chaos auseinander brechen, weißt du, dass das nicht geschehen wird, dass eine Höhere Macht diesen Prozess sicher in ihren Händen hält. Du siehst dem Zustand neuer, größerer Harmonie, der sich anschließend einstellen wird, freudig entgegen. Die innere Spannung zwischen dem augenblicklichen Zustand und dem, was noch nicht ist, hältst du aus, vergrößerst sie aber nicht durch ständiges Grübeln.

Wandlungslinien

1. Du brauchst jetzt viel Stärke. Suche dir etwas, das dir Halt gibt und woraus du Kraft und Mut schöpfen kannst.

2. Der Zeitpunkt, etwas zu unternehmen*, ist noch nicht gekommen. Wenn es so weit ist, wird dir das Vorangehen Heil/ung bringen, aber auch erst dann.

3. Es ist nicht an der Zeit, Schritte zu unternehmen* auf einem Weg, von dem du nur vage annimmst, dass es der richtige sein könnte. Handle besser erst dann, wenn es klare Anzeichen dafür gibt, was zu tun ist.

4. Zweifel und Frustration schwinden, dein Vertrauen kehrt zurück. Dich entschieden neuen, positiven Gedanken und Erwartungen zuzuwenden führt zu äußeren Entwicklungen, die deiner Angelegenheit dienen.

5. Du solltest jetzt deine Absicht besser verbergen und nicht direkt auf dein Ziel zupreschen. Beobachte das Wirken deiner Höheren Macht und sei bereit zu handeln, sobald es nötig ist.

6. Die beste Art, den anstehenden Veränderungsprozess zu verwirklichen, ist, nicht mit angespanntem Willen auf dein Ziel loszupreschen und jetzt keine Entscheidungen zu treffen oder wesentlichen Handlungen vorzunehmen. Bleibe vorerst noch im Alten, während sich das Neue bereits entwickelt.

---

* Nichts zu »unternehmen« bedeutet nicht, gar nichts zu tun. Es ist jetzt nur nicht an der Zeit, etwas Neues oder Entscheidendes zu beginnen.

50. DER ENGEL DER LÄUTERUNG

䷱

Wenn du mit dem Engel der Läuterung nicht in Verbindung bist, bist du deinen negativen, bedrängenden Gefühlen und Gedanken hilflos ausgeliefert. Sie treiben dich, wohin sie wollen, oder du verbrauchst deine Kraft damit, sie zu unterdrücken. Sie scheinen eine feststehende, unveränderliche Realität in dir zu sein.

Wenn dich der Engel der Läuterung begleitet, zeigt er dir, wie du alles Dunkle, Negative und Belastende in deinen Gefühlen und Gedanken umschmelzen kannst in die helle Perle innerer Festigkeit, Kraft, Zuversicht, Liebe und Klarheit. Du entfachst ein Feuer in deinem Herzen und gibst alles hinein, was dich daran hindert, dich ganz deiner Höheren Macht anzuvertrauen. Am Ende bist du in der Lage, auf neue, schöpferische Art mit den Aufgaben umzugehen, vor die dein Leben dich stellt.

Wandlungslinien

1. Der Prozess, in dem du steckst, befreit dich von alten Lasten aus der Vergangenheit. Auch wenn das Unterste zuoberst gekehrt wird, ist dies jetzt der richtige Weg.

2. Du hast die nötige innere Stärke und Festigkeit. Was dich (von innen oder außen) bedrängt, kann dich nicht überwältigen.

3. Du weißt nicht, wie du mit dieser Situation umgehen sollst, und fürchtest, durch Fehler, Langsamkeit oder Unaufmerksamkeit etwas zu verderben oder zu versäumen. Die Lösung findest du jedoch ohne dein Zutun durch die Hilfe deiner Höheren Macht.

4. Statt die Gelegenheit zum Wachstum aufzugreifen, lässt du dich völlig überwältigen, so dass dein Vertrauen zusammenbricht. Das kann nichts Gutes nach sich ziehen.

5. Nach dem Reinigungsprozess ist deine Kraft klarer und stärker als zuvor. Die Beharrlichkeit, mit der du durchgestanden hast, was dazu nötig war, findet ihre Belohnung.

6. Was du gerade erlebst, ist eine Zeit der Heilung und Reinigung, in der deine innere Kraft stark und klar wird, sodass du den Widrigkeiten des Lebens standhalten kannst.

51. DER ENGEL DES UNWETTERS

Wenn du mit dem Engel des Unwetters nicht in Verbindung bist, erscheint dir das Unwetter, das in deinem Leben tobt, das an den Türen und Fenstern deines Lebenshauses rüttelt, bedrohlich und zerstörend. Du fühlst dich vom Sturm deiner Gefühle zerzaust und verlierst deinen Halt und deine Festigkeit. Du kannst in dem, was geschieht, nur einen Stolperstein sehen, den ein böses Geschick dir in den Weg wirft, nicht die Chance, daran zu wachsen.

Wenn dich der Engel des Unwetters begleitet, kannst du mitten im tosenden Unwetter, in Angst und Schrecken doch Ruhe und Zuversicht bewahren. Du weißt, der Sturm wird nur das losreißen und davontragen, was ohnehin welk und morsch war, und Altes, Verfestigtes aufbrechen. Wie nach den Frühlingsstürmen wird anschließend eine freundlichere Zeit anbrechen, eine Zeit neuer Entwicklung, neuen Wachstums, ein Durchbruch, ein Freisetzen schöpferischer Kraft. Wenn du dich nicht dagegen wehrst, kannst du diesen Prozess sogar als befreiend erleben. Wenn der Sturm sich gelegt hat, wirst du sehen, dass es gut war, nicht deinen Ängsten und Zweifeln zu folgen. Durch den Sturm gegangen zu sein gibt dir neue Kraft. Gerade die elementare Kraft, die dich so erschreckend aufgewühlt hat, erlebst du am Ende als schützende Hülle.

Wandlungslinien

1. Weiche dem Sturm* nicht aus. Sobald er sich gelegt hat, wendet sich die Angelegenheit zum Besseren.

2. Ein Sturm* braust durch dein Leben, und alles, woran du gewöhnlich Halt suchst, entgleitet dir. Wenn du dich jetzt auf den Weg ins Ungewisse einlässt, wirst du in Zukunft neuen Halt und neue Sicherheit finden.

3. Gewöhnlich ist es gut, ruhig, besonnen und gelassen zu handeln. Aber in der Situation, nach der du fragst, kannst du ruhig etwas forscher vorgehen.

4. Die Situation erscheint dir jetzt trüber, als sie ist. Die positive Veränderung, die das Unwetter in dein Leben gebracht hat, wird sich bald zeigen.

5. Du bist abwechselnd ganz sicher und dann wieder zweifelnd und aufgewühlt. Du solltest darauf achten, dass du dein inneres Gleichgewicht nicht verlierst.

6. Der Sturm*, der durch dein Leben braust, versetzt dich in Unruhe, und es ist nicht gut, aus diesem Zustand heraus zu handeln oder wichtige Entscheidungen zu treffen.

---

* Es kann sich hierbei um einen äußeren »Sturm« handeln, in dem Gewohntes durcheinandergerät, oder um einen inneren Gefühlssturm, immer aber um einen »Sturm der Veränderung«.

52. DER ENGEL DER STILLE

Wenn du mit dem Engel der Stille nicht in Verbindung bist, bist du angespannt und beunruhigt, vielleicht sogar schon völlig überdreht. Deine Gedanken verwirren sich und heften sich an Probleme. Du verstrickst dich innerlich mit anderen Menschen. Du grübelst an bestimmten Umständen herum und gibst ihnen Macht über dein Leben und dein Wohlbefinden. Deine drängenden Bedürfnisse, deine Sehnsucht und dein Verlangen beherrschen dich. Vielleicht ahnst du, dass es besser wäre, in die Stille zu gehen, aber du glaubst, dafür keine Zeit oder keine Berechtigung zu haben oder dadurch etwas zu verlieren.

Wenn dich der Engel der Stille begleitet, findest du zur Ruhe. Du suchst Entspannung und lässt den Lärm um dich und in dir zur Ruhe kommen. In der Stille findest du wieder Zugang zu jenem Teil deiner selbst, der größer und stärker als alle Bedrängnis ist, der wie ein Fels in der Brandung allen Schwierigkeiten und Belastungen standhält. Hier bist du ganz du selbst, unverletzlich, heil. Du fühlst die Stille in dir wie einen ruhigen klaren See. Wenn sich deine Lebensangelegenheiten darin spiegeln, weißt du zugleich auch Lösung und Antwort. In der Stille hörst du die leise Stimme deiner Höheren Macht.

Wandlungslinien

1. Lass dich nicht durch oberflächliche oder aufgewühlte Gedanken, Gefühle, Bedürfnisse und Wünsche zu Handlungen und Entscheidungen treiben.

2. Wenn du dich jetzt ruhig zurücklehnst, scheint es dir, als würdest du völlig unverantwortlich handeln und dich oder deine Angelegenheiten gefährden. Das eigentliche Problem liegt nicht außen, sondern in deiner eigenen Unruhe.

3. Wenn du starke, leidenschaftliche Gefühle einfach unterdrückst und dich zum Stillwerden, zu meditativer Ruhe zwingst, gerätst du in innere Bedrängnis.

4. Entspanne und beruhige deinen Körper; so tritt auch seelische und geistige Beruhigung ein.

5. Ordne deine aufgeregten Gedanken und richte sie positiv aus. Wenn du ruhig sprichst und denkst, kehren auch in dir Stille und Klarheit ein. Und was du aus innerer Klarheit und Stille sagst und tust, brauchst du nicht zu bereuen.

6. Bemühe dich vor allem darum, in die Stille zu gehen, auch wenn du glaubst, du müsstest immer weiter aktiv bleiben. Was in der Stille zu dir kommt, birgt Heil/ung in sich.

53. DER ENGEL DES LANGEN ATEMS

Wenn du mit dem Engel des langen Atems nicht in Verbindung bist, fällt es dir schwer, den jetzt nötigen langen Atem zu bewahren. Du fühlst dich zutiefst frustriert, weil du keinerlei Anzeichen dafür entdecken kannst, dass sich endlich etwas verändert oder entwickelt. Oder die winzigen Schritte, mit denen es vorwärts geht, machen dich ganz ungeduldig und ärgerlich. Zweifel überwältigen dich. Du glaubst vielleicht, dich in eine negative Entwicklung verrannt zu haben oder an einer völlig aussichtslosen Sache zu arbeiten.

Wenn dich der Engel des langen Atems begleitet, kannst du es akzeptieren, dass das, was du dir wünschst oder was du anstrebst, sich langsam und unsichtbar entwickelt wie das Wachsen eines Baums, aber ebenso stetig. Wie dieser unter sonnigem Himmel und in winterlichen Stürmen allmählich seine Gestalt gewinnt, geht auch deine Angelegenheit durch Zeiten strahlender Freude und Zuversicht wie auch schmerzlicher Prozesse, in denen du die Übersicht verlierst und nicht mehr weißt, wie das, was du erlebst, mit deinem Ziel zusammenhängt. Aber du bist sicher: Eines Tages wirst du unter der Krone jenes Baumes sitzen, der jetzt heranwächst.

Wandlungslinien

1. Die Situation, mit der du konfrontiert bist, gehört zu deinem Weg. Dadurch, dass du durch die Schwierigkeiten hindurchgehst, kommen die Dinge allmählich in Bewegung. Lass dich nicht irritieren.

2. Allmählich gewinnst du wieder ein wenig festen Stand, eine Zwischenstation auf einem Weg, der dich vielleicht noch in neue Verwirrung stürzen wird. Lass es dir gut gehen.

3. Du machst schmerzliche, schwierige Erfahrungen und fühlst dich wie auf einem Wüstenweg. Aber du bist bereit, die Ursachen dieser Situation herauszufinden und zu beseitigen.

4. Mit Beharrlichkeit deinen Weg zu gehen bedeutet nicht, dich ständig voranzupeitschen. Es ist in Ordnung, sanft mit dir selbst umzugehen, auszuruhen und neue Kraft zu schöpfen.

5. Im Augenblick spürst du nur die Anstrengung und Anspannung des Weges. Indem du innerlich loslässt und Abstand gewinnst, gelangst du zu neuer Zuversicht, die dich das Gute sehen lässt, das auf dich wartet.

6. Allmählich erlangst du spirituelle Sicherheit in dir selbst, die dich vom Hin und Her äußerer Umstände unabhängig macht.

54. DER ENGEL DER PRÜFUNG

Wenn du mit dem Engel der Prüfung nicht in Verbindung bist, erliegst du den Prüfungen und Versuchungen, die an dich herantreten. Alles berührt dich stark. Die Angst treibt dich dazu, überall Probleme zu sehen, alles unter Kontrolle bringen zu wollen, dich lieber am Alten festzuklammern, statt Neues zu wagen, oder in der Vergangenheit und Zukunft zu leben statt im Hier und Jetzt. Du vergräbst lieber deine Talente und Möglichkeiten, als es zu wagen, sie einzusetzen.

Die Verlockung treibt dich möglicherweise dazu, dich von der Anerkennung anderer abhängig zu machen, ihrem Urteil und ihren Versprechungen mehr Wert beizumessen als deinen eigenen Erfahrungen. Vielleicht glaubst du auch, dass alles besser ginge, wenn du den spirituellen Weg einfach aufgeben würdest.

Falsches Mitleid führt dich dazu, dich durch scheinbare Verpflichtungen mit anderen zu verstricken. Oder du lässt dich von Selbstmitleid überwältigen und stellst dich wie ein hilfloses Kind dar, das nicht in der Lage ist, verantwortlich mit den Dingen umzugehen.

Wenn dich der Engel der Prüfung begleitet, widerstehst du dem, was dich vom Weg abziehen will. Das muss nicht bedeuten, dass du die betreffende Sache ganz aufgibst, aber du willst sie nicht um den Preis, dass du dafür deinen Weg verlierst. Du widerstehst der Angst und dunklen Befürchtungen, indem du dein Vertrauen allein in deine Höhere Macht setzt. Du widerstehst der Verlockung, indem du alle Freude und Befriedigung in dir findest, statt sie außen zu suchen. Du widerstehst falschem Mitleid, indem du andere Menschen ihren eigenen Weg gehen lässt und göttlichen Segen für sie erbittest.

Wandlungslinien

1. Den augenblicklichen Zustand zu nehmen, wie er ist, so unangenehm er auch sein mag oder so unzureichend die sich bietenden Möglichkeiten erscheinen, bringt die Entwicklung wieder in Gang.

2. Die Situation ist weder besonders gut noch besonders schlecht. Es sind (augenblicklich) auch keine durchgreifenden Entwicklungen zu erwarten.

3. Die Situation bietet die Gelegenheit zu einem kleinen Fortschritt. Viel ist aber nicht zu erwarten.

4. Was daran zerbricht, dass du zu dir und deinem Weg stehst, kann nur etwas sein, was dich fesselte und band. Am Ende wird sich erweisen, dass ein solcher Verlust dich dafür befreit, Menschen und Umständen zu begegnen, die besser für dich sind.

5. Das wirklich Wertvolle wirkt oft weniger anziehend als Oberflächliches, Äußerliches. Lass dich dadurch nicht beirren.

6. Du hast im Augenblick keine feste innere Grundlage, auf der du bauen könntest. Du solltest deshalb vorerst nichts unternehmen.

55. DER ENGEL DER FÜLLE

Wenn du mit dem Engel der Fülle nicht in Verbindung bist, wagst du es nicht, dich der Fülle zu öffnen. Sie erscheint dir überwältigend und beängstigend. Deshalb fühlst du dich verzagt und bedrückt. Du suchst die Zukunft ab nach möglichen Schwierigkeiten, um sie abzuwehren. Deine Aufmerksamkeit heftet sich an das, was (im Augenblick) nicht möglich ist, was du nicht ändern kannst oder was unerreichbar ist. Vielleicht verlierst du dich in Phantasien und Wunschträumen von dem, was sein sollte, statt dich den wunderbaren Möglichkeiten des Augenblicks zu öffnen. Oder du glaubst, indem du auf die Höhen des Weges verzichtest, seine Tiefen vermeiden zu können.

Wenn dich der Engel der Fülle begleitet, wirfst du den dunklen Mantel der Schwere ab und öffnest dich der Fülle des Augenblicks. Du weißt, es reicht, dich mit Problemen und Schwierigkeiten dann auseinander zu setzen, wenn sie auftauchen. Jetzt lässt du die Sonne auf das Erdreich deiner Seele scheinen und Blumen daraus hervorlocken. Du richtest deine Aufmerksamkeit auf die Möglichkeiten, die dir offenstehen, und genießt sie. Du wagst es, Freude und Begeisterung zu spüren, auch wenn du weißt, dass dieser Zustand nicht für immer anhält. Wenn du ihn auch nicht festhalten kannst, so genießt du ihn doch, solange er da ist. Alle Sorge um die Zukunft und alles Festhalten an der Vergangenheit lässt du los, du lebst ganz im Hier und Jetzt. Du stellst fest, dass die Wirklichkeit viel wunderbarer ist als alles, wovon du glaubtest, du müsstest es haben, um glücklich zu sein.

Wandlungslinien

1. Es ist in Ordnung, eine Zeit zu genießen, in der dir alles mühelos zufließt, in der du Fülle erfährst. Aber du kannst sie nicht festhalten. Wenn es an der Zeit ist, gilt es, wieder loszulassen. Nach der Abwärtsbewegung kommt ein neuer Aufschwung.

2. Dichte Wolken ziehen durch deine Seele und verdunkeln das Licht innerer Klarheit. Aus diesem Zustand heraus zu handeln oder Entscheidungen zu treffen zieht nichts Gutes nach sich. Aber dein inneres Vertrauen wächst bereits wieder.

3. Du findest keinen Zugang zur inneren Fülle. Dadurch erscheint dir alles leer, öde, problematisch, sinnlos. Du fühlst dich unfähig und machtlos. Oder der Weg ist dir verstellt durch illusionäre Hoffnungen und Euphorie, die dir eine falsche Fülle vorgaukeln.

4. Das Licht innerer Klarheit ist so verdeckt durch dunkle Wolken oder ein illusionäres euphorisches »Licht«, dass du es kaum noch wahrnehmen kannst. Aber du kommst wieder in Berührung mit deinen besseren Kräften.

5. Wenn der Sturm sich ausgetobt hat, erscheint das Leben in neuem Licht, neue Perspektiven und Möglichkeiten eröffnen sich dir. Im Nachhinein siehst du, dass auch das Unwetter zum Weg gehörte.

6. Statt dich auf die wunderbare, reiche innere Fülle einzulassen und sie mit anderen zu teilen, hältst du ängstlich fest, was du hast, und klammerst dich an Absicherungen und an eine bestimmte Vorstellung davon, wie alles sein soll.

56. DER ENGEL DES UNTERWEGSSEINS

Wenn du mit dem Engel des Unterwegsseins nicht in Verbindung bist, fühlst du dich auf einer einsamen Wanderschaft und leidest an dem ungesicherten Zustand, den das Unterwegssein - zu neuen Zielen, zu neuen Stufen der Entwicklung - mit sich bringt. Zweifel und Ängste plagen dich, vielleicht auch der Gedanke, was andere zu deiner Unternehmung sagen (könnten), und zugleich dein Ärger darüber, dass du dich durch andere Menschen und äußere Umstände so tief beeinflussen lässt.

Wenn dich der Engel des Unterwegsseins begleitet, folgst du mutig deiner eigenen Orientierung, dem inneren Bild, das dich leitet, deinem Stern, deinem Herzen. Beharrlich und zuversichtlich gehst du Schritt für Schritt voran. Du weißt, dass du auf diesem Weg geschützt bist. Du lässt dich von Problemen und Herausforderungen nicht irritieren und erfreust dich an der Reise. Was vor dir auftaucht wie ein unüberwindlicher Berg, verliert seinen Schrecken, sobald du einfach darauf zugehst. Du lässt dich weder von anderen Menschen noch von entsprechenden Stimmen in dir von deinem Weg abbringen. Du weißt, dass du an dem, was andere tun und sagen, nichts ändern kannst, dass es aber in deiner Macht steht, zu entscheiden, wie du darauf reagierst und inwieweit du dich beeinflussen lässt.

Wandlungslinien

1. Wenn du deine Kraft, deine Zeit und deine Gedanken auf Dinge verschwendest, die mit deinem Ziel nichts zu tun haben, verlierst du deine eigene Richtung und lässt deine Energie nutzlos zerfließen. Dann kann dich jede Kleinigkeit zu Boden werfen.

2. Die Kraft und Sicherheit, die du schon erlangt hattest, und deine Verbindung mit hilfreichen Kräften sind nicht verloren. Du findest sie wieder, wenn du deine Unrast überwindest. Du kannst jetzt ausruhen, ohne befürchten zu müssen, dass dadurch Schaden entsteht.

3. Wenn du nicht aufpasst, gerätst du in einen Zustand vollkommener Unrast und bringst dich um die Hilfe der Engelkraft. Halte lieber ein und komme erst einmal wieder in deine Mitte.

4. Du kannst darauf vertrauen, dass dir auf allen Ebenen zufließt, was du brauchst, und dass alles, was auf dich zukommt, gut ist. Aber deine Angst und dein Zweifel hindern dich daran, dich einfach zu freuen und zu Ruhe und Gelassenheit zu finden.

5. Auch was im Augenblick als ärgerliche Störung erscheint, gehört zu deinem Weg. Was dich blockiert und behindert, löst sich auf, und das führt am Ende zum Besseren.

6. Durch Sorgen, Ängste, Zweifel und andere negative Erwartungen zerstörst du die Hüllen, die dich schützen, und öffnest destruktiven Einflüssen, Unheil und Misserfolg Tür und Tor.

57. DER ENGEL DER DEMUT

Wenn du mit dem Engel der Demut nicht in Verbindung bist, verhärtest du dich gegen die Situation. Alles soll nach deinem Willen gehen, obwohl du bereits erfahren hast, dass du damit nicht weit kommst. Es erscheint dir vielleicht sogar lieblos oder verantwortungslos, deinen Widerstand aufzugeben, so als gäbest du damit alle Möglichkeit auf, dass sich etwas zum Besseren verändert. Du glaubst, etwas dadurch erreichen zu können, dass du nur akzeptierst, was dir offensichtlich etwas »bringt« und dich befriedigt. Vielleicht reagierst du mit Wut und Ärger auf alle Schwierigkeiten oder verschanzt dich hinter scheinbarer Überlegenheit oder Makellosigkeit. Aber mit harter Anstrengung triffst du nur auf entsprechende Härte von außen. Deine eigene Schwere hält dich fest.

Wenn dich der Engel der Demut begleitet, gehst du sanft mit dir und allen deinen Angelegenheiten um, mit jener Weichheit, die das Harte umfasst und auflöst. Im Augenblick kannst du vielleicht nichts Wesentliches tun – auch das nimmst du an. Du akzeptierst deinen Ärger, deine Wut, deine Verzweiflung, deinen Widerstand gegen Veränderung, deine Machtlosigkeit und deine Grenzen. Du akzeptierst die Probleme und Schwierigkeiten, vor die du gestellt wirst. Du spürst, wie dir aus dieser Haltung neue Kraft erwächst und deine inneren Ohren sich für den Rat deiner Höheren Macht öffnen.

Wandlungslinien

1. Du fühlst dich hin- und hergerissen zwischen der Absicht, auf dein Ziel zuzugehen oder dich zurückzuhalten, etwas zu unternehmen oder dich zurückzuhalten. Erfolg bringt es dir, wenn du dir völlig klar darüber wirst, was du willst, und entschieden danach handelst.

2. Du möchtest am liebsten an einen märchenhaften Ort fliehen, an dem es keine Probleme und Konflikte gibt. Deshalb bist du innerlich bereit, deiner Angst zu folgen oder anderen Stimmen, die dir raten, den Schwierigkeiten auszuweichen. Oder du folgst wahllos allem, was dir hilfreich erscheint, statt konsequent auf deinem Weg zu bleiben.

3. Du hast dich von der Situation überrollen lassen und gibst ihr zu viel Macht über dich oder du stehst in der Gefahr, das zu tun.

4. Anstelle von Hirngespinsten und nutzlosen Grübeleien stehen jetzt konkrete Fragen und Gegebenheiten im Vordergrund. Dadurch löst sich die Frustration.

5. Die Situation ist gut. Es sind nur deine an Altes gebundenen Gefühle, die dir zu schaffen machen. Auch wenn am Anfang noch alles dunkel und schwierig erscheint, kommt es zu einem guten Ende.

6. Du möchtest dich am liebsten verkriechen, vielleicht sogar in deine gewohnten Sorgen und Zweifel. Damit aber verlierst du alle Möglichkeiten zum Handeln und die Verbindung zu deiner Lebensenergie und ziehst unglückliche Entwicklungen auf dich.

58. DER ENGEL DER FREUDE

Wenn du mit dem Engel der Freude nicht in Verbindung bist, fehlt es dir an Leichtigkeit. Du gehst deinen Weg mit übertriebener Aufmerksamkeit. Dadurch wirst du schwer und müde. Du siehst überall nur den Mangel, das Störende, Fragwürdige oder Bedrohliche. Oder du versuchst, Freude dadurch zu erreichen, dass du Unangenehmes verleugnest und verdrängst. Vielleicht bist du auch so darauf fixiert, in der Zukunft unbedingt Freude erleben zu wollen, dass du dich in der Gegenwart gar nicht mehr freuen kannst.

Wenn dich der Engel der Freude begleitet, bewältigst du alle Aufgaben besser. Probleme lassen sich leichter lösen und du fühlst dich ermutigt. Du siehst das halb volle Glas statt das halb leere. Positive Gedanken öffnen dein Herz für Freude. Das Spiel lässt dich leicht genug werden zur Freude. Sie erwächst dir aus dem Austausch mit Menschen, die dir nahestehen oder deine Interessen teilen. Dennoch ist sie nicht an äußere Gegebenheiten gebunden, sondern wohnt in dir und erwächst dir aus einer Haltung echter Zuversicht und tiefer Geborgenheit. Du pflegst deine Freude als ein inneres Licht, das du mit anderen teilst.

Wandlungslinien

1. Wenn du deine Freude aus der Verbundenheit mit deiner Höheren Macht ziehst, kannst du sie unabhängig davon, was dir von außen begegnet, bewahren. Wenn das, was du vorhast, klare, reine Freude in dir auslöst, kannst du unbesorgt handeln.

2. Gerade darin, dass du auch unangenehme Gefühle zulässt und dich ehrlich mit unangenehmen Erfahrungen auseinandersetzt, erweist sich echte Zuversicht. Du öffnest dich damit Freuden, die zu dir kommen wollen.

3. Es ist nicht gut, Glücksgefühle und Stärke aus Freuden ziehen zu wollen, die möglicherweise in der Zukunft eintreffen könnten, oder daraus, dass sich bestimmte Dinge deinen Wünschen gemäß entwickeln. Du verlierst dadurch deine Stärke und gerätst in Abhängigkeiten, die dich vom Weg abbringen.

4. Etwas Schönes kündigt sich an oder ist im Entstehen begriffen. Das ruft wieder deine Neigung hervor, alles unter Kontrolle zu halten, damit das erwartete Glück auch wirklich eintritt. Es ist jetzt wichtig, innerlich loszulassen. Was zu dir kommen soll, erreicht dich ohne besondere Anstrengung.

5. Du gehst von einer falschen Voraussetzung aus. Das, worauf du dich beziehst – ob es nun ein Problem ist oder etwas, woran du Halt suchst – ist im Schwinden begriffen.*

6. Die Freude, die du anstrebst oder spürst, beruht auf dem Vermeiden von Konflikten und Schwierigkeiten, auf Illusionen oder Manipulation. Solche Freude hat keine sichere Grundlage und trägt keine Fruchtbarkeit in sich.

---

* Diese Antwort bedeutet nicht, dass alle Probleme schwinden oder alles, woran du Halt suchst, sich auflöst. Sie muss sehr genau auf die Fragestellung bezogen werden.

59. DER ENGEL DER VERGEBUNG

Wenn du mit dem Engel der Vergebung nicht in Verbindung bist, bleibst du in deinem Ego gefangen, seelisch und körperlich verkrampft. Du fühlst dich wie eine Eisscholle, die einsam und von anderen abgetrennt auf einem winterlichen Fluss treibt. An alles, was dir begegnet, gehst du mit der Frage heran: Was trennt uns? Was ist verschieden? Was ist abzulehnen?, statt nach dem Verbindenden Ausschau zu halten. Deine Lebensenergie ist regelrecht gefroren. Du haftest vielleicht deswegen mit Angst und Sorge an einer Person oder einer Angelegenheit, weil du im Grunde durch Ressentiments an sie gebunden bist.

Wenn dich der Engel der Vergebung begleitet, erkennst du, wo du dir selbst Blockaden errichtest. Häufig sind Ressentiments die Ursache, aufgestauter Ärger und Schuldzuweisungen, die sich gegen andere, aber auch gegen dich selbst richten können. Indem du vergibst, lösen sich die Blockaden, deine innere Energie und auch das Fließen zwischen dir und anderen werden befreit. Du verschließt nicht einfach die Augen vor dem, was dich verletzt hat, aber du lässt es in der Vergangenheit zurück, so dass du von alten Lasten unbeschwert vorwärts gehen kannst. Damit lösen sich auch körperliche Spannungen. Vergeben erzeugt die Wärme, die nötig ist, um den gefrorenen Strom deiner Lebenskraft aufzutauen. Du kannst dich selbst und andere Menschen wieder getrost dem Fluss des Lebens anvertrauen.

Wandlungslinien

1. Dein Glück und deine Sicherheit hängen nicht davon ab, wie die Menschen deiner Umgebung sich verhalten oder wie bestimmte Angelegenheiten sich entwickeln. Die Situation kommt wieder ins Fließen, wenn du allem mit einem inneren Ja begegnest.

2. Alte Blockaden und Fassaden, die dich vom Fluss der Liebe trennen, stürzen ein. Du fühlst dich unsicher und verwirrt. Lass dich dadurch nicht in alte, überlebte Verhaltensweisen zurücktreiben. Schutz und Zuflucht findest du allein in der Verbindung mit deiner Höheren Macht.

3. Deine auf Äußeres gerichteten Gedanken lösen sich auf. Du kannst sie ohne Bedauern loslassen, weil der weitere Horizont, auf den du dein Bewusstsein jetzt richtest, dir das Erlebnis echter Freiheit und wirklicher Sicherheit gibt.

4. Höre auf damit, dich an andere Menschen oder bestimmte Umstände zu klammern. Überlasse sie und dich dem Wirken deiner Höheren Macht, die für alles den richtigen Weg und eine Lösung weiß. Du kannst nur behalten, was du loszulassen bereit bist.

5. Öffne dich. Gib großzügig ab von dem, was du hast: Liebe, Wissen, Weisheit oder materielle Güter. Du wirst spüren, wie neuer Lebensmut dich durchströmt und dich wieder handlungsfähig macht.

6. Es erscheint dir so, als würdest du mit deiner inneren Abgrenzung (einem) anderen Menschen Gewalt antun. Aber sie ist in der gegenwärtigen Situation unbedingt nötig, um nicht wieder in die alten Bahnen zu geraten.

60. DER ENGEL DES RECHTEN MASSES

Wenn du mit dem Engel des rechten Maßes nicht in Verbindung bist, findest du nur schwer dein Gleichgewicht. Entweder du setzt dir zu enge Schranken oder du lässt es an der nötigen Beschränkung fehlen. Oder du schwankst zwischen beidem hin und her. Vielleicht lässt du dich auch von dem Bedürfnis treiben, zu viel haben, erreichen, schaffen zu wollen, und die ständige Anstrengung laugt dich aus.

Wenn dich der Engel des rechten Maßes begleitet, gehst du einen mittleren Weg zwischen einem Zuviel und einem Zuwenig an Beschränkung. Du findest den rechten Ausgleich zwischen Arbeit und Erholung, Anspannung und Entspannung, energetischem Mangel und Überladung, Leidenschaft und Stille, zu großer Distanz und völligem Aufgehen in anderen Menschen oder Aufgaben. Wenn du merkst, dass etwas nicht stimmt, fragst du dich, ob das Zuviel oder das Zuwenig ein Übergewicht bekommen hat, und gleichst es aus. Du findest das dir gemäße Maß: körperlich, seelisch, geistig. Du findest Realitätsbezogenheit als Mitte zwischen Ängsten und Illusionen.

Wandlungslinien

1. Du solltest im Augenblick darauf verzichten, über das alltäglich Naheliegende hinaus Entscheidungen zu treffen und zu handeln. So hütest du deine Energie.

2. Jetzt nicht zu handeln oder eine Entscheidung zu treffen wäre ein Fehler. Es ist an der Zeit, den Schritt hinaus oder ins Neue zu tun.

3. Etwas, das von außen kommt, bringt dich aus deinem Rhythmus, aus deiner Ordnung, oder aber du selbst vernachlässigst das gesunde Maß. Deshalb geht es dir nicht gut.

4. In deinem Rhythmus und eigenen Maß in Frieden deinen Weg zu gehen, bringt Heil/ung.

5. Da du gelernt hast, das rechte Maß zu wahren und dich, wenn nötig, zurückzuhalten, kannst du jetzt andererseits auch in erfolgreicher und heilsamer Weise handeln, eingreifen, Entscheidungen treffen oder Neues beginnen.

6. Die Einschränkung, die du dir auferlegt hast, ist zu schmerzlich. Das führt zu einer vorübergehenden Frustration und/oder Erschöpfung.

61. DER ENGEL DES FLIESSENS

Wenn du mit dem Engel des Fließens nicht in Verbindung bist, scheust du davor zurück, dich dem Fließen zu überlassen, dich und deine Angelegenheiten dem natürlichen Lauf der Dinge anzuvertrauen. Es ist, als würdest du in einem Zug sitzen und ängstlich auf der Karte die Reiseroute verfolgen, statt dich einfach an dein Ziel befördern zu lassen. Du gönnst dir kein ruhiges Zurücklehnen. Vielleicht glaubst du auch, Gedanken und Gefühle, die dir als falsch erscheinen, vor dir selbst verbergen zu müssen, um so alles Schädliche fernzuhalten. Aber auf diese Weise können sie sich nicht auflösen und wirken sich gerade dadurch negativ aus.

Wenn dich der Engel des Fließens begleitet, vertraust du darauf, dass sich auch ohne dein ständiges Eingreifen alles zum Besten entwickelt. Du lädst alles von dir ab, was dein Vertrauen behindert. Du legst offen, was an Ängsten, Sorgen und Zweifeln in dir ist. Du lässt zu, dass sie in Mut, Stärke und Zuversicht verwandelt werden. Auch wenn dein Weg durch Schwierigkeiten hindurchführt, wirst du nicht gleich mutlos und läufst nicht einfach davon. Wie ein Vogel, der auch unter widrigen Umständen die Eier nicht verlässt, die er bebrütet, bleibst du beharrlich dabei, zu »bebrüten«, was in deinem Leben wachsen soll, auch wenn vom Ergebnis noch nichts zu sehen ist.

Wandlungslinien

1. Bleibe auf deinem Weg. Alles andere würde dich nur in Verwirrung stürzen. Lass dich auch nicht durch das irritieren, was andere (in dieser Situation) tun oder sagen (würden).

2. Ganz tief in dir und jenseits der Angst sagt dir eine leise innere Stimme, wie die Situation wirklich ist. Du kannst ihr beruhigt folgen.

3. Du baust dir selbst das Bild auf, durch etwas oder jemanden behindert oder bedroht zu sein, und machst dich damit nur unglücklich.

4. Was du als inneres Durcheinander und Bedrängnis empfindest, ist ein Anzeichen dafür, dass du einen Schritt vorangehst, einen Schritt über deine Angst oder andere Einschränkungen hinaus.

5. Lasse dich jetzt von Vertrauen tragen.

6. Du baust zu sehr auf deine bewusste Anstrengung und deine Willenskraft, darauf, alles in den Griff zu bekommen und zu managen. Damit kommst du nicht weit. Es fehlt dir die sichere Grundlage spirituellen Vertrauens in deinen Weg.

62. DER ENGEL DER ERGEBENHEIT

䷽

Wenn du mit dem Engel der Ergebenheit nicht in Verbindung bist, sträubst du dich gegen die augenblickliche Situation. Aber du kannst nichts daran ändern, dass eine Stagnation eingetreten ist. Vielleicht steht deiner vorwärts drängenden, verändernden, schöpferischen Kraft eine ebenso starke beharrende entgegen. Vielleicht bist du innerlich bereit aufzubrechen und kannst äußerlich nichts tun. Oder du blockierst dich selbst durch allzu ideale Vorstellungen von dem, was sein sollte, oder wie du leben und handeln solltest. Deine Höhere Macht siehst du möglicherweise an wie einen unberechenbaren Tyrannen, der von dir erwartet, was außerhalb deiner Fähigkeiten und Möglichkeiten liegt, und den du durch besondere Anstrengung gnädig stimmen müsstest.

Wenn dich der Engel der Ergebenheit begleitet, erkennst du, dass jetzt nicht der richtige Zeitpunkt ist, um größere Angelegenheiten in Angriff zu nehmen, und wendest dich dem Naheliegenden, Alltäglichen zu. Du tust dir Gutes und sorgst für dein Wohlbefinden. Du akzeptierst die Situation, wie sie ist, und auch dich selbst, so wie du gerade bist. Der Engel der Ergebenheit lehrt dich, dadurch voranzugehen, dass du Stufe für Stufe das tust, was der Augenblick erfordert und was in deiner Reichweite liegt, statt dich durch innere Höhenflüge und übermäßige Anstrengung zu blockieren.

Wandlungslinien

1. Du hast dich »verstiegen«, dich mit deinen Ansprüchen an dich und andere zu sehr über die alltägliche Ebene des Daseins erhoben. Es sind deine unerfüllbaren Anforderungen, die dir das Gefühl geben, dass nichts gelingen kann.

2. Alte, vielleicht in der Kindheit geprägte Glaubenssätze oder Vorstellungsmuster stehen dir im Weg. Es ist nicht deine Schuld, dass sie dir eingeprägt wurden, aber es ist deine Aufgabe, sie aufzulösen.

3. Wenn du nicht Acht gibst, wirst du von deiner Angst, deinen Zweifeln und all deinen negativen Gedanken und Gefühlen überwältigt.

4. Es wäre ein Fehler, jetzt etwas zu unternehmen, nur um das frustrierende Gefühl einer unklaren und belastenden Situation loszuwerden. Halte dich zurück, bleibe aber beharrlich auf dein Ziel ausgerichtet.

5. Du befindest dich in einem Zustand tiefer Frustration. Hoffnungswolken, die du erspäht hast, ziehen wieder vorüber. Du hast das Gefühl, alles habe sich gegen dich verschworen.

6. Statt dich auf das zu beziehen, was dir wirklich als Aufgabe begegnet, beschäftigst du dich mit Problemen, die eintreten könnten oder sich nur daraus ergeben, dass du zu strenge Maßstäbe an dich und andere anlegst oder glaubst, alles im Griff behalten zu müssen.

63. DER ENGEL DER BESINNUNG

Wenn du mit dem Engel der Besinnung nicht in Verbindung bist, gehst du nur immer blindlings voran, ohne einzuhalten und zu bedenken, ob du noch auf dem richtigen Weg bist. Erst ein unerwartetes Ereignis, ein Fehlschlag oder ein plötzliches Problem rütteln dich auf. Nun stürzt du in Verwirrung und Verzweiflung oder verfällst ins Grübeln. Möglicherweise überlässt du es anderen Menschen und äußeren Umständen, über die Richtung deines Lebens zu bestimmen, statt dir selbst klare Ziele zu setzen. Es kann aber auch sein, dass du Besinnung mit Kontrolle verwechselst. Dann neigst du vielleicht dazu, nachdem du eine Situation mit fließender Leichtigkeit bewältigt hast, dich nachträglich zu sorgen und dich mit der Angst zu plagen, was hätte geschehen können.

Wenn dich der Engel der Besinnung begleitet, nimmst du deine augenblickliche Situation zum Anlass, deinen Weg zu überdenken, bevor du in eine Sackgasse gerätst. Du fragst dich, was mit deiner Art, mit den Dingen umzugehen, nicht stimmt, und wie du den Schwierigkeiten, vor denen du stehst, am besten begegnen kannst. Du machst dir klar, was du wirklich willst, und nimmst deine Wünsche und Bedürfnisse ernst. Erst wenn all das überlegt ist, setzt du deinen Weg fort.

Wandlungslinien

1. Du würdest gern deinem Impuls folgen und einfach irgendwie eingreifen. Aber du bremst dich gerade noch rechtzeitig, bevor du auf einen falschen Weg gerätst.

2. Das Gefühl von Sicherheit und Geborgenheit ist dir verloren gegangen. Es wird sich zu gegebener Zeit von selbst wieder einstellen.

3. Es gilt, etwas in dir zu besiegen, dem du keinen Einfluss mehr auf dein Denken und Handeln gestatten willst. Das ist eine langwierige Aufgabe, die dich sehr anstrengt, denn ständig machen sich alte Gefühle und eingeschliffene Muster wieder geltend.

4. Wirklich wertvolle Erfahrungen, Einsichten und Entwicklungen sind vermischt mit Zweifelhaftem. Die Energie, die dich so wunderbar durchfließt, ist verunreinigt. Es ist nötig, ständig aufmerksam zu sein, um nicht in alte Muster zurückzufallen.

5. Es ist jetzt nicht der rechte Zeitpunkt für dein Vorhaben und du würdest allzu viel Energie darauf verschwenden. Zum geeigneten Zeitpunkt wirst du mit wenig Mühe viel mehr erreichen.

6. Es ist unvermeidlich, dass Phasen der (äußeren oder inneren) Veränderung mit Schwierigkeiten verbunden sind. Sorge dich nicht, denn dieser Zustand geht vorüber.

64. DER ENGEL DER UNBEIRRBARKEIT

Wenn du mit dem Engel der Unbeirrbarkeit nicht in Verbindung bist, verirrst du dich leicht auf deinem Weg, denn der verläuft nicht geradlinig, sondern wie in einem Labyrinth durch allerlei unüberschaubare Windungen und in Sackgassen und hat die irritierende Eigenart, oft gerade dann, wenn du glaubst, kurz vor dem Ziel zu sein, noch einmal in weitem Bogen davon wegzuführen. Du erlebst einen Rückschlag. Wenn dir der Engel nicht die nötige Unbeirrbarkeit schenkt, resignierst du vielleicht, glaubst, auf einem Weg, der nirgendwo hinführt, immer nur im Kreis zu gehen, strafst dich für vermeintliche Fehler und versuchst, unter Aufbietung aller deiner Kräfte die Sache wieder gutzumachen.

Wenn dich der Engel der Unbeirrbarkeit begleitet, kannst du Rückschläge als Teil des Weges gelassen annehmen. Auch im Frühjahr gibt es manchmal noch Rückfälle in die kalten Stürme des Winters, und doch führt er hinüber in eine neue Phase von Wärme, Licht und Fruchtbarkeit. Du behandelst dich selbst mit Liebe und Verständnis. Statt dich zu ärgern oder dich zu beschuldigen, machst du einfach an dem Punkt weiter, an dem du gerade warst, als der Rückschlag geschah. Du nutzt die Chance, um aus dem, was du gerade erlebst, zu lernen. Du verschaffst dir, wenn nötig, Hilfe oder Information. Dann lässt du innerlich los, legst die ganze Angelegenheit in die Hände deiner Höheren Macht und gehst unbeirrbar weiter.

Wandlungslinien

1. Du bist in ein altes Muster zurückgefallen. Statt dich günstigen Fügungen zu öffnen, verschließt du dich oder reibst dich daran auf.

2. Wenn du jetzt allzu forsch und hartnäckig vorgehst, kannst du dich leicht in etwas verstricken, das dir nicht gut tut. Geh erst dann voran, wenn du sicher bist, von den Ereignissen oder deinen Gefühlen nicht mehr aus deiner Mitte gezogen zu werden.

3. Du steckst noch teilweise in deinen alten Mustern (oder in einer Angelegenheit, die du hinter dir lassen wolltest) oder du bist in sie zurückgefallen. Mach dich bereit, sie jetzt gründlich zu überwinden.

4. Trotz großer, vielfältiger und lang dauernder Widrigkeiten kannst du das Ziel deiner Wünsche erreichen, wenn du beharrlich genug dranbleibst.

5. Auf die Dauer ist nur die innere Festigkeit, die dir aus der Verbindung mit deiner Höheren Macht erwächst, beständig.

6. Es ist in Ordnung, manchmal die Zügel zu lockern, es dir gut gehen zu lassen und dein Glück zu feiern. Es ist jedoch wichtig, dass du dabei das rechte Maß behältst, damit dir nicht dein inneres Gleichgewicht verloren geht und du in alte Muster zurückfällst.

Bibliographie

Blofeld, John: *I Ging. Das große Weisheits- und Orakelbuch der alten Chinesen*. O. W. Barth, 2. Auflage, München 1985

Blofeld, John: *Selbstheilung durch die Kraft der Stille*. Scherz, Bern/München 1985

Fiedeler, Frank: *Die Monde des I Ging. Symbolschöpfung und Evolution*. Diederichs, München 1988

Lindbergh, Anne Morrow: *Muscheln in meiner Hand*. Piper, München 1967

Sartory, Gertrude und Thomas (Hrsg.): *Adalbert Stifter. Im Angesicht der Dinge*. Herder, Freiburg 1979

Wilhelm, Richard: *I Ging. Text und Materialien*. Diederichs, 15. Auflage, München 1988